Kohlhammer

Die Autorinnen

Dr. phil. Simone Pfeiffer, Psychologin (M. Sc.), ist Psychologische Psychotherapeutin mit Fachkunde Kinder- und Jugendlichenpsychotherapie und Wissenschaftliche Mitarbeiterin an der Rheinland-Pfälzischen Technischen Universität Kaiserslautern-Landau.

Lisa-Marie Dobener ist Erziehungs- und Bildungswissenschaftlerin (M. A.), Kinder- und Jugendlichenpsychotherapeutin in Dresden und Doktorandin in der Arbeitsgruppe Klinische Kinder- und Jugendpsychologie der Philipps-Universität Marburg.

Friederike Durlach ist Psychologin (M. Sc.), Kinder- und Jugendlichenpsychotherapeutin (in Ausbildung) in der Psychiatrischen Klinik Lüneburg und Doktorandin in der Arbeitsgruppe Klinische Kinder- und Jugendpsycholgie der Philipps-Universität Marburg.

Simone Pfeiffer
Lisa-Marie Dobener
Friederike Durlach

Hürden überwinden, Hilfen finden

Barrieren und Unterstützungsfaktoren
für Kinder und Jugendliche
mit psychischen Störungen

Verlag W. Kohlhammer

Dieses Werk einschließlich aller seiner Teile ist urheberrechtlich geschützt. Jede Verwendung außerhalb der engen Grenzen des Urheberrechts ist ohne Zustimmung des Verlags unzulässig und strafbar. Das gilt insbesondere für Vervielfältigungen, Übersetzungen, Mikroverfilmungen und für die Einspeicherung und Verarbeitung in elektronischen Systemen.

Pharmakologische Daten, d. h. u. a. Angaben von Medikamenten, ihren Dosierungen und Applikationen, verändern sich fortlaufend durch klinische Erfahrung, pharmakologische Forschung und Änderung von Produktionsverfahren. Verlag und Autoren haben große Sorgfalt darauf gelegt, dass alle in diesem Buch gemachten Angaben dem derzeitigen Wissensstand entsprechen. Da jedoch die Medizin als Wissenschaft ständig im Fluss ist, da menschliche Irrtümer und Druckfehler nie völlig auszuschließen sind, können Verlag und Autoren hierfür jedoch keine Gewähr und Haftung übernehmen. Jeder Benutzer ist daher dringend angehalten, die gemachten Angaben, insbesondere in Hinsicht auf Arzneimittelnamen, enthaltene Wirkstoffe, spezifische Anwendungsbereiche und Dosierungen anhand des Medikamentenbeipackzettels und der entsprechenden Fachinformationen zu überprüfen und in eigener Verantwortung im Bereich der Patientenversorgung zu handeln. Aufgrund der Auswahl häufig angewendeter Arzneimittel besteht kein Anspruch auf Vollständigkeit.

Die Wiedergabe von Warenbezeichnungen, Handelsnamen und sonstigen Kennzeichen in diesem Buch berechtigt nicht zu der Annahme, dass diese von jedermann frei benutzt werden dürfen. Vielmehr kann es sich auch dann um eingetragene Warenzeichen oder sonstige geschützte Kennzeichen handeln, wenn sie nicht eigens als solche gekennzeichnet sind.

Es konnten nicht alle Rechtsinhaber von Abbildungen ermittelt werden. Sollte dem Verlag gegenüber der Nachweis der Rechtsinhaberschaft geführt werden, wird das branchenübliche Honorar nachträglich gezahlt.

Dieses Werk enthält Hinweise/Links zu externen Websites Dritter, auf deren Inhalt der Verlag keinen Einfluss hat und die der Haftung der jeweiligen Seitenanbieter oder -betreiber unterliegen. Zum Zeitpunkt der Verlinkung wurden die externen Websites auf mögliche Rechtsverstöße überprüft und dabei keine Rechtsverletzung festgestellt. Ohne konkrete Hinweise auf eine solche Rechtsverletzung ist eine permanente inhaltliche Kontrolle der verlinkten Seiten nicht zumutbar. Sollten jedoch Rechtsverletzungen bekannt werden, werden die betroffenen externen Links soweit möglich unverzüglich entfernt.

1. Auflage 2025

Alle Rechte vorbehalten
© W. Kohlhammer GmbH, Stuttgart
Gesamtherstellung: W. Kohlhammer GmbH, Heßbrühlstr. 69, 70565 Stuttgart
produktsicherheit@kohlhammer.de

Print:
ISBN 978-3-17-043100-3

E-Book-Formate:
pdf: ISBN 978-3-17-043101-0
epub: ISBN 978-3-17-043102-7

Didaktische Hinweise

Um das Buch optisch aufzulockern und visuelle Anker zu setzen, werden wiederkehrende Strukturierungshilfen und zugehörige Piktogramme verwendet. So werden z.B. Definitionen, bedeutsame Studien und Anwendungsbeispiele sowie besonders wichtige Erkenntnisse hervorgehoben.

Zu Beginn der einzelnen Kapitel werden Lernziele formuliert und am Ende jeweils einige Literaturempfehlungen zur Vertiefung der Thematik gegeben. Zur kognitiven Aktivierung und zur Überprüfung des Verstehens werden am Kapitelende Fragen an die Lesenden gestellt, damit diese ihr Wissen direkt nach der Lektüre überprüfen können.

Piktogramme

- Lernziele
- Definition
- Studie
- Diagnostikum
- Fragen
- Literaturempfehlungen
- Selbststudium
- Anwendungsbeispiel
- Gut zu wissen

Inhalt

Didaktische Hinweise 5

1 Einleitung 11

2 Barrieren und Unterstützungsfaktoren von Hilfesuchverhalten bei Kindern und Jugendlichen mit psychischen Problemen und ihren Bezugspersonen 15
    2.1   Modelle von Hilfesuchverhalten 15
           2.1.1   Self-Determination Theory 16
           2.1.2   Das Transtheoretische Modell 16
           2.1.3   Health Belief Model 17
           2.1.4   Theorie des geplanten Verhaltens 17
           2.1.5   Theorie von hilfesuchendem Verhalten bei Kindern und Jugendlichen 18
    2.2   Barrieren bei der Aufnahme einer Psychotherapie 19
    2.3   Unterstützungsfaktoren von Hilfesuchverhalten 20
    2.4   Psychische Gesundheitskompetenz und Inanspruchnahme von Hilfe 21
    2.5   Die Rolle der Eltern beim Hilfesuchverhalten von Jugendlichen mit psychischen Problemen 23

3 Transgenerationale Weitergabe von psychischen Störungen – das Transmissionsmodell 25
    3.1   Transgenerationale Transmission 25
    3.2   Elternebene 27
           3.2.1   Eigenschaften der elterlichen Psychopathologie 28
           3.2.2   Risikofaktoren während der Schwangerschaft 29
           3.2.3   Erziehungskompetenz und Eltern-Kind-Interaktion ... 29
    3.3   Familiäre Ebene 30
    3.4   Kindbezogene Ebene 31
    3.5   Umweltebene 32
    3.6   Transmissionsforschung 33

4 Psychische Gesundheitskompetenz 35
    4.1   Gesundheitskompetenz (Health Literacy) 35
           4.1.1   Health Literacy im Kindes- und Jugendalter 37

4.2	Psychische Gesundheitskompetenz (Mental Health Literacy)	40
4.2.1	Mental Health Literacy in der empirischen Forschung	42
4.2.2	Mental Health Literacy im Kindes- und Jugendalter	43

5 Interventionen zur Stärkung psychischer Gesundheitskompetenz ... 46

5.1	Ansätze zur Förderung psychischer Gesundheitskompetenz	46
5.1.1	Aufklärungsprogramme und Kampagnen	47
5.1.2	Interventionen im schulischen Kontext	49
5.1.3	Digitale Interventionen und Medien	50
5.1.4	Ansätze in der Psychotherapie	51
5.2	Wirksamkeit von Interventionen zur Förderung psychischer Gesundheitskompetenz	53

6 Stigmatisierung im Kontext psychischer Störungen ... 56

6.1	Konzeptualisierung von Stigma	56
6.2	Rahmenmodell Stigmatisierung psychischer Störungen	59
6.2.1	Öffentliche Stigmatisierung	59
6.2.2	Wahrgenommenes öffentliches Stigma	60
6.2.3	Antizipiertes Stigma	60
6.2.4	Erlebtes Stigma	61
6.2.5	Internalisiertes Stigma (Selbststigma)	62

7 Interventionen zum Abbau von internalisiertem Stigma ... 65

7.1	Modelle zur Entstehung von internalisiertem Stigma	67
7.1.1	Das progressive Stufenmodell von internalisiertem Stigma	67
7.1.2	Das integrative kognitive Modell	67
7.2	Übersicht über Interventionen zum Abbau von internalisiertem Stigma	68
7.2.1	Indirekte Interventionen über den Weg des Abbaus öffentlichen Stigmas	68
7.2.2	Direkte Interventionen über den Weg des Abbaus öffentlichen Stigmas	69

8 Stigma von Kindern psychisch erkrankter Eltern ... 73

8.1	Stigma by Association	73
8.2	Family stigma	74
8.3	Die Rollen im Family Stigma	75
8.4	Stigma von Kindern psychisch erkrankter Eltern	77
8.4.1	Wahrgenommenes öffentliches Stigma	77
8.4.2	Erlebte Stigmatisierung	78
8.4.3	Antizipierte Stigmatisierung	78
8.4.4	Affiliate Stigma – internalisiertes Stigma	79
8.4.5	Strukturelle Diskriminierung	80

9	Hilfesuchverhalten nach sexualisierter Gewalterfahrung bei Kindern und Jugendlichen	82
9.1	Definition sexualisierter Gewalt	82
9.2	Prävalenz sexualisierter Gewalt	83
9.3	Psychische Folgen sexualisierter Gewalt	84
9.4	Offenbarung sexualisierter Gewalterfahrungen und Inanspruchnahme von Hilfe	86
9.5	Barrieren und Unterstützungsfaktoren bei der Offenbarung und hilfesuchendem Verhalten nach sexualisierter Gewalterfahrung	87
9.5.1	Gesellschaftliche Barrieren	88
9.5.2	Interpersonelle Barrieren	92
9.5.3	Intrapersonelle Barrieren	94

Literatur **98**

Stichwortverzeichnis **123**

1 Einleitung

> **Lernziele**
>
> - Sie kennen die Prävalenz psychischer Störungen und die Inanspruchnahmeraten von Hilfen für psychische Störungen bei Kindern und Jugendlichen.
> - Sie kennen die Risiken eines verzögerten Behandlungsbeginns oder einer Nichtbehandlung von psychischen Störungen bei Kindern und Jugendlichen.
> - Sie kennen Hauptbarrieren bei der Inanspruchnahme von Hilfen bei psychischen Störungen im Kindes- und Jugendalter.

Obwohl sehr viele Menschen von der Diagnose einer psychischen Störung betroffen sind und es immer mehr Aufklärung und Maßnahmen zur Entstigmatisierung gibt, ist das Thema für viele Betroffene immer noch ein großes Tabu. Dabei ist der Hilfebedarf für Menschen mit psychischen Störungen hochaktuell und hochrelevant. Insbesondere Kinder und Jugendliche sind hier eine oft übersehene Gruppe, wenn es um die Versorgung psychischer Störungen geht. In Deutschland hat sich im Verlauf der Coronapandemie die Prävalenz für psychische Auffälligkeiten bei Kindern und Jugendlichen von 17.6 % auf 30.4 % stark erhöht (Ravens-Sieberer et al., 2021). Auch international ist die Prävalenz psychischer Störungen mit 17 % hoch (Kessler et al., 2005; Polanczyk et al., 2015). Obwohl die Wirksamkeit von Psychotherapie bei Kindern und Jugendlichen mit psychischen Störungen empirisch belegt ist (Weisz et al., 2017), liegt die Diskrepanz zwischen der Prävalenz psychischer Störungen und deren Behandlungsrate für Kinder und Jugendliche bei 20 % (Hintzpeter et al., 2014). Diese Zahlen sind gerade in diesem Altersbereich hochproblematisch und bieten gleichzeitig sehr viele Möglichkeiten einer erfolgreichen Entwicklung mit Blick auf das Erwachsenalter. Da sich 50 % aller psychischen Störungen bereits vor dem 18. Lebensjahr manifestieren (Solmi et al., 2021), ist der Fokus auf das Kindes- und Jugendalter besonders wichtig, um die negativen Konsequenzen psychischer Störungen auf die einzelne junge Person und auch auf die Gesellschaft zu reduzieren. Der Prozess der Identitätsentwicklung, die körperlichen und psychischen Reifungsprozesse und die damit einhergehenden Entwicklungsaufgaben machen diesen Lebensabschnitt zu einer hochsensiblen Phase mit einem erhöhten Risiko für die Entwicklung psychischer Störungen (Kwong et al., 2019). Die Zeitspanne bis zur Inanspruchnahme einer Behandlung ist bei früh einsetzenden psychischen Störungen länger als bei einem späteren Auftreten (Christiana et al., 2000), wobei im Durchschnitt sieben bis elf Jahre bis zum Beginn einer Behandlung vergehen (Kessler et al., 2005; Wang et al., 2004). Diese Zahlen sind alarmierend, da niedrige Behandlungsraten von 10% bis 36% (Hintzpeter et al., 2014; Lu, 2020) für psychische Störungen im Jugendalter mit einer Chronifizierung, einer Verschlimmerung der Symptome, einer stärkeren Beeinträchtigung der Lebensqualität, einer geringeren Wahrscheinlichkeit, die Störung später erfolgreich zu behandeln, und einem erhöhten Risiko für Suizid und Selbstverletzung verbunden sind (Kalafat, 1997; Lambert et al., 2013; Merikangas et al., 2010). Konkret bedeutet dies, dass viele Kinder und Jugendliche sowohl im Stillen unter Symptomen einer psychischen Störung als auch unter dem Stigma der psychischen Störung leiden. Sie sind häufig isoliert und entwickeln Strategien im Umgang mit den Symptomen, die langfristig schädlich sind (z. B. Sucht, Selbstverletzung, Rückzug). Auch das Risiko für einen Suizid als letzten Ausweg könnte deutlich verringert werden, wenn es eine frühe Identifizierung der Symptome gäbe, eine schnellere Versorgung und eine Minderung des Leids durch die Angst vor Stigmatisierung oder tatsächlich erlebter Stigmatisierung. All dies verdeutlicht die Notwendigkeit der Erfassung von Faktoren, die das Hilfesuchverhalten und den Zugang zur Behandlung von psychischen Störungen erschweren. In einem nächsten Schritt müssen diese Barrieren adressiert werden, um die Inanspruchnahme frühzeitiger Hilfe zu erleichtern und langfristigen schädlichen Folgen unbehandelter psychischer Störungen vorzubeugen.

Wer kann hier nun helfen, damit Kinder und Jugendliche mit psychischen Störungen früher Hilfe erhalten und das Stigma reduziert werden kann? Alle Menschen im Umfeld einer betroffenen Person können potentiell eine große Unterstützung sein. Insbesondere im Kindes- und Jugendalter haben Bezugspersonen den größten Einfluss darauf, dass Kinder und Jugendliche mit psychischen Problemen Hilfe bekommen (Wahlin & Deane, 2012). Bei Kindern ist die Abhängigkeit von den Eltern noch höher, da deren Zustimmung für die Behandlung benötigt wird. Eltern spielen also eine wichtige Rolle im Hilfesuchprozess und für die Inanspruchnahme professioneller Unterstützung durch Kinder und Jugendliche mit psychischen Belastungen (Logan & King, 2001). Aber auch Freunde und Freundinnen, Lehrkräfte, Sporttrainer:innen, Nachbar:innen, Verwandte und Bekannte spielen eine wichtige Rolle. Viele Betroffene zeigen sich im Nachhinein bestürzt, dass eine hohe Belastung oder Änderungen im Verhalten sichtbar waren, aber niemand geholfen hat. Betrachten wir die Familie als mögliche Unterstützungsquelle, finden sich auch hier Besonderheiten, die man zum Verständnis von Barrieren bei hilfesuchendem Verhalten berücksichtigen sollte. So ist es eher die Regel als eine Ausnahme, dass sich eine transgenerationale Weitergabe von psychischen Störungen in Familien findet. Diese können zum einen genetisch, zum anderen durch Besonderheiten von Familienstrukturen bedingt sein. Der Umgang innerhalb einer Familie mit dem Thema psychische Störungen hat einen hohen Einfluss auf das hilfesuchende Verhalten von Jugendlichen. Kinder und Jugendliche haben sehr feine Antennen für die Stimmung und das Verhalten ihrer Bezugspersonen. Sie bekommen Ängste, depressive Stimmungen, Reizbarkeit oder auch verstecktes Suchtverhalten mit und sind verunsichert. Nicht wenige Kinder geben sich die Schuld an den Symptomen der Eltern. Barrieren und Unterstützungsverhalten sollte daher immer auch im Gesamtkontext betrachtet werden.

Schaut man sich nun die hohe Prävalenz und die verheerenden Folgen der Nichtbehandlung oder verzögerten Behandlung einer psychischen Störung an, stellt sich die Frage nach den Gründen, die Kinder, Jugendliche und Eltern davon abhalten, Hilfe zu suchen. Hauptbarrieren für die Inanspruchnahme von Hilfe zur Behandlung psychischer Störungen im Kindes- und Jugendalter sind fehlendes Wissen über psychische Störungen, fehlende Hilfsangebote, eine geringe psychische Gesundheitskompetenz sowie stigmatisierende Einstellungen gegenüber psychischen Störungen (Aguirre Velasco et al., 2020; Radez et al., 2021). In einer qualitativen retrospektiven Befragung von jugendlichen Patient:innen in ambulanter Psychotherapie nannten 26 % mangelnde Informationen und Transparenz als Hemmschwelle (Pfeiffer & In-Albon, 2021).

Somit haben die psychische Gesundheitskompetenz und insbesondere die Einstellungen zur Hilfesuche der Kinder und Jugendlichen einen großen Einfluss auf die Wahrscheinlichkeit, dass Hilfe gesucht und in Anspruch genommen wird. Eine geringe Gesundheitskompetenz sowie negative Einstellungen gegenüber Hilfsangeboten auf Elternseite, aber auch strukturelle (z. B. lange Wartezeiten, schlechte Verkehrsanbindung, langer Anfahrtsweg) und sozio-demographische Gründe (z. B. finanzielle Hürden) sind weitere Herausforderungen bei der Versorgung von Kindern mit psychischen Störungen.

Im zweiten Kapitel werden verschiedene Barrieren sowie unterstützende Faktoren von hilfesuchendem Verhalten bei psychischen Problemen vorgestellt. Weiterhin ist es zum Verständnis der Komplexität von hilfesuchendem Verhalten wichtig, diese in ihrem Kontext zu betrachten. Im dritten Kapitel wird daher auf die Rolle der generationsübergreifenden Weitergabe von psychischen Störungen und Hilfesuchverhalten eingegangen. Nehmen wir alle erforderlichen Kompetenzen zum hilfesuchenden Verhalten bei psychischen Problemen zusammen, sprechen wir von einer psychischen Gesundheitskompetenz. Auf die Schlüsselelemente der psychischen Gesundheitskompetenz wird in Kapitel vier näher eingegangen. Neben dem Verständnis von Barrieren, ist die nächste drängende Frage, welche Möglichkeiten der Steigerung von Unterstützungsfaktoren und Reduktion von Barrieren es gibt. Was kann man tun, um vor allem auch die Folgen von Nichtbehandlung oder einer verzögerten Behandlung zu umgehen? Kapitel fünf geht auf Interventionen zur Reduktion von Barrieren beim Hilfesuchverhalten von psychischen Störungen ein, insbesondere auf die Förderung psychischer Gesundheitskompetenz. Das Stigma psychischer Störungen wird noch einmal als gesonderte Barriere in Kapitel sechs beleuchtet. Es werden verschiedene Stigmaformen vorgestellt, die jeweils auch eine eigene Rolle in der Entscheidung spielen können, ob man sich mit Symptomen einer psychischen Störung offenbart und sich Hilfe sucht oder nicht. Stigma spielt hierbei nicht nur im Hilfesuchprozess eine Rolle, sondern fortlaufend. Selbst wenn Kinder und Jugendliche fachlich gut versorgt sind und offen mit einer Diagnose umgehen, ist der Umgang mit Stigma eine stetige Herausforderung. Kapitel sieben geht spezifisch auf das Thema internalisiertes Stigma ein und beleuchtet Interventionen für das Jugendalter zur Reduktion von internalisiertem Stigma. Stigma kann sich hierbei auch je nach Diagnose oder anderen Faktoren unterscheiden und auch das Umfeld betreffen. So sind Kinder und Jugendliche nicht nur potentiell selbst von psychischen Störungen betroffen, sondern erleben auch Stigmatisierung, wenn die Eltern psychisch erkrankt sind. Es gibt auch Hinweise auf spezifisches Stigma, welches in der Diagnose selbst oder auch in den Umständen begründet sein kann.

Betroffene sexualisierter Gewalt, die häufig mit erheblichen psychischen Folgen einhergeht, erleben zum Beispiel sehr spezifisches Stigma. Dieses Stigma ist insbesondere in der Diagnostik und Behandlung der Folgen von hoher Relevanz. Kapitel neun fokussiert daher auf Barrieren bei der Offenbarung und bei hilfesuchendem Verhalten nach erlebter sexualisierter Gewalt. Ziel dieses Buches ist die Komplexität von hilfesuchendem Verhalten bei psychischen Problemen spezifisch für das Kindes- und Jugendalter zu beleuchten und Möglichkeiten der Reduktion von Barrieren und Aufbau von unterstützendem Verhalten aufzeigen.

> **Überprüfung der Lernziele**
>
> - Wie hoch ist die Prävalenz psychischer Störungen bei Kindern und Jugendlichen?
> - Welche Rolle spielt das Jugendalter in der Entwicklung psychischer Störungen?
> - Was sind Hauptbarrieren für die Inanspruchnahme von Psychotherapie?
> - Warum ist eine frühzeitige Behandlung psychischer Störungen wichtig?

2 Barrieren und Unterstützungsfaktoren von Hilfesuchverhalten bei Kindern und Jugendlichen mit psychischen Problemen und ihren Bezugspersonen

> **Lernziele**
>
> - Sie kennen verschiedene Modelle von hilfesuchendem Verhalten bei gesundheitlichen Problemen.
> - Sie kennen spezifische Barrieren und Unterstützungsfaktoren bei hilfesuchendem Verhalten bei Kindern und Jugendlichen mit psychischen Problemen.
> - Sie kennen elterliche Einflussfaktoren im Hilfesuchprozess von Kindern- und Jugendlichen.

Bevor es zur Vorstellung konkreter Barrieren und Unterstützungsfaktoren bei hilfesuchendem Verhalten bei psychischen Problemen kommt, werden zunächst verschiedene Modelle von Hilfesuchverhalten vorgestellt. Warum diese Modelle nur bedingt oder zum Teil gar nicht für das Kindes- und Jugendalter anwendbar sind, wird im Verlauf diskutiert. Insgesamt soll die Komplexität vom Hilfesuchprozess in diesem Altersspektrum deutlich gemacht werden. Die Kenntnis und das Verständnis des Zusammenspiels verschiedener Barrieren sowie der Unterstützungsfaktoren ermöglichen weitere Schritte. So können präventive Maßnahmen und Interventionen für eine verbesserte Versorgung von Kindern und Jugendlichen mit psychischen Störungen zielgerichteter gestaltet werden.

2.1 Modelle von Hilfesuchverhalten

Trotz der Möglichkeiten einer effektiven Behandlung psychischer Störungen im Kindes- und Jugendalter ist die Inanspruchnahme von formaler Hilfe zur Behandlung psychischer Störungen von Kindern, Jugendlichen und Eltern immer noch gering (Merikangas et al., 2010; Zwaanswijk et al., 2003). Neben strukturellen Barrieren, wie einem Mangel an Psychotherapieplätzen verbunden mit langen Wartezeiten, finden sich zahlreiche andere Barrieren bei der Aufnahme einer Psychotherapie. Insgesamt ist das Hilfesuchen ein komplexer Prozess, der aus mehreren Stufen besteht und mehrere Faktoren und Kompetenzen beinhaltet. Im Folgenden werden einige Modelle zu hilfesuchendem Verhalten bei Menschen mit psychischen Störungen vorgestellt.

2.1.1 Self-Determination Theory

Die Selbstbestimmungstheorie (engl.: Self-Determination Theory) (Deci & Ryan, 1993) besagt, dass jeder Mensch wesentlich psychologische Bedürfnisse hat, die eine autonome Motivation fördern: das Bedürfnis nach Autonomie, nach Verbundenheit und nach Kompetenz. Diese autonome Motivation wiederum fördert intern reguliertes, selbstbestimmtes Verhalten, wie z. B. authentisches Engagement in einer Rolle (d. h., wenn Zeit, Energie und Aufmerksamkeit in der Rolle mit den Werten der Rolle übereinstimmen). Schließlich fördern diese Bedingungen positive Ergebnisse, wie die Verbesserung oder den Erhalt psychischer Gesundheit. Der Fokus liegt hierbei zum einen auf intrinsischen (von innen heraus) und zum anderen auf extrinsischen (äußerlich bedingten) motivationalen Faktoren. Der Selbstbestimmungstheorie liegen sechs Stadien zugrunde, in denen sich die psychologischen Bedürfnisse der Motivation beschreiben lassen. Das erste Stadium ist das der Nicht-Regulation. Hier besteht keine Handlungsabsicht, da wesentliche Werte und Bedürfnisse fehlen und sich daher keine Hilfe für psychische Probleme gesucht wird. Das zweite Stadium ist die Externale Regulation, eine Handlung z. B. aufgrund von äußerem Druck oder Anreizen ausführen (z. B. Druck von Angehörigen, sich um einen Termin zur Abklärung psychischer Symptome zu kümmern). Das dritte Stadium ist die Introjizierte Regulation, die auf innerem Druck basiert und oft als von außen motiviert erlebt wird (z. B. hilfesuchendes Verhalten aufgrund von schlechtem Gewissen gegenüber Angehörigen oder aus Angst vor einer Verschlechterung). Das vierte Stadium ist die Identifizierte Regulation, bei der äußere Faktoren Einfluss nehmen, das Handeln aber als autonom erlebt wird (z. B. die Annahme von Rückmeldungen von Angehörigen zur Verschlechterung einer Symptomatik und die Entscheidung, sich aufgrund der Rückmeldung professionelle Hilfe zu suchen). Im fünften Stadium, der Integrierten Regulation (extrinsische Motivation), stimmt die Handlung mit den eigenen Werten und Bedürfnissen überein und die Handlung liegt in der Person selbst (z. B. die eigene Überzeugung, dass Symptome einer psychischen Störung einer Abklärung bedürfen, weil man sie als relevant einschätzt und seine Funktonalität bewahren möchte). Das letzte Stadium ist die Intrinsische Regulation (intrinsische Motivation), bei der die Handlung (z. B. Psychotherapie) selbst Freude versursacht und Bedürfnisse befriedigt.

2.1.2 Das Transtheoretische Modell

Im Originalmodell des Transtheoretischen Modells (Prochaska & DiClemente, 1982) wurden fünf Stadien der Verhaltensänderung identifiziert. Die erste Phase ist die Vorstufe der Erwägung (Precontemplation), in der Menschen noch keine Absicht haben, ihr Verhalten (in unserem Fall das hilfesuchende Verhalten) bzw. ihre Überzeugungen in absehbarer Zukunft zu ändern. Die Gründe hierfür können verschieden sein, zum Beispiel können die Symptome noch nicht als problematisch oder passager eingeordnet oder auch verleugnet werden. Außerdem kann die Überzeugung vorherrschen, ohne Hilfe mit psychischen Problemen umgehen zu können oder aber auch eine Hoffnungslosigkeit in Bezug auf den Nutzen von Hilfe vorliegen. Die Erwägung (Contemplation), sich Hilfe zu suchen, ist die zweite Phase, in der sich Menschen des Ausmaßes der Probleme mehr bewusstwerden und ernsthaft über Veränderungen nachdenken. Die Vorbereitung (Preparation) ist die dritte Phase, die intentionale und Verhaltensaspekte kombiniert. Hier können erste Absichten geäußert werden, sich professionelle Hilfe zu suchen oder erste Veränderungen vorzunehmen, die noch nicht erfolgreich waren. Handlung (Action) ist die vierte Phase, in der Betroffene sich aktiv um Hilfe bemühen (z. B. Anrufe bei Psychotherapeut:innen, Anmeldung für psychiatrische Behandlungsangebote oder Kontakt zu Selbsthilfegruppen). Hier merkt auch das Umfeld oft, dass eine Änderung stattgefunden hat. Aufrechterhaltung (Maintenance) ist die fünfte Stufe, in der Menschen ihre erreichten Veränderungen beibehalten. Dies kann im Hilfesuchprozess, im Falle eines Psychotherapieplatzes, bedeuten, sich aktiv an der Behandlung der psychischen Störung zu beteiligen und erlernte Strategien anzuwenden (z. B. automatische negative Gedanken zu hinterfragen oder Entspannungstechniken anzuwenden). Es kann aber auch bedeuten, gesundheitsförderliches Verhalten vermehrt im Alltag einzubinden (z. B. mehr Bewegung oder eine bessere Wahrnehmung von eigenen Bedürfnissen) und Barrieren beim Hilfesuchverhalten aktiv zu überwinden.

2.1.3 Health Belief Model

Das Modell gesundheitlicher Überzeugungen (engl.: Health Belief Model) (Rosenstock, 1996) geht davon aus, dass die wahrgenommene gesundheitliche Bedrohung und eine Kosten-Nutzen-Bilanz die Wahrscheinlichkeit einer Verhaltensänderung bedingen. Die Bedrohung setzt sich hierbei aus der wahrgenommenen Verwundbarkeit (z. B. die Wahrnehmung einer genetischen Vorbelastung für psychische Störungen) und dem Schweregrad der Symptome zusammen. In Bezug auf hilfesuchendes Verhalten werden Kosten (z. B. Angst vor Stigmatisierung, zeitliche Ressourcen) mit Nutzen (Reduktion der Symptome, Steigerung der Lebensqualität) abgewogen. Die Verhaltensänderung ist hierbei bedingt durch soziodemographische Variablen (z. B. Geschlecht, Alter, sozioökonomischer Status) und psychologische Variablen (z. B. Temperamentsmerkmale, soziale Unterstützung). Weiterhin wirken Gesundheitsmotivation (z. B. die Relevanz von hilfesuchendem Verhalten), aber auch Handlungsreize (z. B. positiver Bericht über Psychotherapie aus dem sozialen Umfeld).

2.1.4 Theorie des geplanten Verhaltens

Die Theorie des geplanten Verhaltens (engl.: Theory of Planned Behavior) von Ajzen (1991) ist eine Erweiterung der Theorie des überlegten Handelns (engl.: Theory of Reasoned Action; Fishbein & Ajzen, 1975). Nach der Theorie der überlegten Handlung wird ein Verhalten vollständig durch eine Verhaltensabsicht bestimmt.

Diese ist durch die Einstellung zu diesem Verhalten (positive oder negative Bewertungen des Zielverhaltens), der subjektiven Norm und der wahrgenommenen Verhaltenskontrolle (Einfluss auf das eigene Verhalten) bedingt. Die ursprüngliche Verhaltensintention führt dann im günstigsten Fall zum Zielverhalten.

2.1.5 Theorie von hilfesuchendem Verhalten bei Kindern und Jugendlichen

Die vorherigen vorgestellten Modelle eignen sich nur bedingt für die Anwendung auf hilfesuchendes Verhalten bei psychischen Störungen. In Bezug auf gesundheitsförderliches Verhalten fokussieren die Modelle auf präventive Aspekte oder Verhalten, welches eigenständig im Alltag angewendet werden kann (z. B. Sport zum Abbau von Übergewicht, Nutzung von Kondomen zum Schutz vor sexuell übertragbaren Krankheiten oder Reduktion von Substanzgebrauch). Im Fall psychischer Störungen besteht in der Regel oft ein hoher Kontrollverlust sowie auch eine Einschränkung exekutiver Funktionen (kognitive Prozesse, die es erlauben, Verhalten, Denken, Emotionen und Aufmerksamkeit zielorientiert, willentlich und (situations-)angepasst zu steuern), unter anderem durch eine hohe Belastung. So fällt es Menschen mit Symptomen einer depressiven Episode schwer, die Kraft aufzubringen, Freund:innen um Hilfe zu bitten, ganz zu schweigen von der Organisation eines Psychotherapieplatzes, die alles andere als barrierefrei gestaltet ist. Die Symptomatik zeichnet sich häufig dadurch aus, dass Menschen nicht mehr allein mit Symptomen zurechtkommen und professionelle Unterstützung brauchen.

Im Modell der Theorie von hilfesuchendem Verhalten finden – im Gegensatz zu bisher beschriebenen Modellen – auch wichtige Faktoren des Kindes- und Jugendalters Beachtung. In ihrem Modell identifizieren Rickwood et al.(2005) vier Faktoren von hilfesuchendem Verhalten. Als ersten Schritt braucht es die Identifikation von psychischen Symptomen und inwiefern es bei den Symptomen einen Hilfebedarf gibt (Awareness). Dieser Schritt erfordert entsprechend schon viele Kompetenzen, insbesondere da sich Symptome einer psychischen Störung in einem Kontinuum befinden und in der Intensität, Anzahl und Dauer variieren. Darüber hinaus können auch somatische, differentialdiagnostisch zunächst unklare Symptome auftreten (z. B. Bauch- und Kopfschmerzen, Gewichtsverlust, Müdigkeit). Der nächste Schritt ist die Mitteilung von Symptomen (Expression) und dem Hilfebedarf. Der dritte Schritt im Hilfesuchprozess ist die Verfügbarkeit (Availability) von Hilfen. In Deutschland gibt es für die psychiatrische und psychotherapeutische Versorgung oft lange Wartezeiten, welche den Hilfesuchprozess erheblich erschweren. Der vierte Schritt ist der Wille, sich Hilfe zu suchen (Willingness) und aktiv nach Anlaufstellen zur Behandlung der psychischen Probleme zu suchen. Hilfesuchendes Verhalten ist hierbei als ein Verhalten definiert, bei dem aktiv nach Hilfe durch andere Menschen gesucht wird und das zunächst persönliche Thema zunehmend interpersonell wird.

In ihrem Rahmenmodell zum Hilfesuchverhalten geben Rickwood und Thomas (2012) neben dem Hilfesuchprozess auch Komponenten des Zeitrahmens (Dauer des Hilfesuchprozesses) und der Quelle an. Bei den Hilfesuchquellen kann man unterscheiden zwischen informellem Hilfesuchverhalten, d. h. Hilfesuche bei Personen, die ein persönliches Verhältnis zum Hilfesuchenden haben (z. B. Freund:innen und Familienmitglieder), und formellem Hilfesuchverhalten, d. h. Hilfesuche bei Personen, die eine qualifizierende Legitimierung haben, Unterstützung oder Behandlung anzubieten (z. B. Psychiater:innen, Psychotherapeut:innen, Jugendsozialarbeiter:innen). Junge Menschen bevorzugen häufig informelle Hilfequellen (Ciarrochi et al., 2002; Pearson & Hyde, 2021; Rickwood et al., 2005). Im Modell wird weiterhin zwischen der Art von benötigter Hilfe (Suche nach Informationen, Suche nach emotionaler Unterstützung oder Behandlung einer psychischen Störung) und dem Anliegen (psychische Probleme allgemein oder Symptome einer psychischen Störung) unterschieden.

2.2 Barrieren bei der Aufnahme einer Psychotherapie

Die Identifikation von Barrieren bei formalem Hilfesuchverhalten ist hoch relevant, da Barrieren deutlich mit verzögerter oder keiner Inanspruchnahme formaler Hilfe assoziiert sind (O'Connor et al., 2014; Sheffield et al., 2004; Wilson et al., 2002). In einer systematischen Literaturübersicht identifizierten Aguirre Velasco und Kolleg:innen (2020) 54 Studien zu Barrieren und Unterstützungsfaktoren (Faktoren, die hilfesuchendes Verhalten erleichtern) für das Kindes- und Jugendalter. Die erste Hauptbarriere sind stigmatisierende und negative Einstellungen gegenüber dem Gesundheitssystem und Fachleuten zur Behandlung psychischer Störungen. Betroffene berichten von Angst vor öffentlichem Stigma, Angst, beschämt zu werden, internalisiertem Stigma und einem hohen wahrgenommenen öffentlichen Stigma. Die zweite Hauptbarriere sind familiäre negative Überzeugungen gegenüber der Behandlung von psychischen Störungen, insbesondere Misstrauen und die Überzeugung, dass die Behandlung nicht hilfreich sein werde. Verstärkt war dieses Misstrauen in Populationen mit Migrations- oder Fluchthintergrund vorhanden. Die dritte Hauptbarriere ist eine geringe psychische Gesundheitskompetenz, d. h. die Fähigkeit, Informationen über psychische Gesundheit zu nutzen, Symptome einer psychischen Störung zu erkennen, Symptomen vorzubeugen und informierte Entscheidungen zum Hilfesuchverhalten zu treffen. Hier wurden insbesondere mangelnde Kenntnis über Symptome einer psychischen Störung und die mangelnde Verfügbarkeit von Hilfe berichtet. Die vierte Hauptbarriere ist der Wunsch nach Autonomie im Jugendalter mit einem erhöhten Bedürfnis mit Problemen ohne Hilfe zurecht zu kommen. Andere Barrieren sind strukturelle Barrieren (Kosten, Wartezeit, Fahrtweg). Zudem hindern Zweifel an der Schweigepflicht und der Vertrauenswürdigkeit formeller Hilfequellen Jugendliche an der Aufnahme einer Psychotherapie (Donald et al., 2000; Givens & Tjia, 2002). Patient:innen ist es wichtig, Mitbestimmung über ihre Behandlung zu haben (Bluhm et al., 2014) und sie fürchten sich vor therapeutischen Interventionen gegen den eigenen Willen

(Givens & Tjia, 2002; Salaheddin & Mason, 2016). Die Angst, von Therapeut:innen nicht ernst genommen zu werden und dass diese die eigenen Probleme nicht verstehen könnten (Givens & Tjia, 2002; Wilson et al., 2002) sowie Zweifel an der Wirksamkeit einer Psychotherapie (Kessler et al., 2005; Moskos et al., 2007; Sylwestrzak et al., 2015; Yap et al., 2011) hindern zudem deren Inanspruchnahme. Ergänzend dazu stimmte in der Studie mit einer Schüler:innenstichprobe von Wahl und Kolleg:innen (2012) fast ein Drittel (29 %) der Teilnehmenden zu, dass es den meisten Menschen mit schweren Formen psychischer Erkrankungen auch mit einer Behandlung nicht besser gehen würde, und eine Mehrheit (52 %) war sich unsicher, ob eine Behandlung zu Besserung verhelfen kann. Ähnliche Befunde zeigen sich auch in einer systematischen Literaturübersicht zu Barrieren und Unterstützungsfaktoren beim Hilfesuchverhalten bei Jugendlichen von Radez und Kolleg:innen (2021). Hier wurden die Barrieren nach den Hauptbarrieren individuelle Faktoren, soziale Faktoren, Beziehungsfaktoren und systemisch-strukturelle Faktoren unterteilt. Unter individuelle Faktoren, welche 96 % aller Studienergebnisse ausmachen, fällt insbesondere eine geringe psychische Gesundheitskompetenz. Bei sozialen Faktoren wurde vor allem die Angst vor Stigmatisierung berichtet, aber auch negative Einstellungen gegenüber psychischen Störungen und Psychotherapie im Umfeld (z. B. bei Familie und Freund:innen, aber auch bei Lehrer:innen, Kinderärzt:innen und Hausärzt:innen). Antizipierte Konsequenzen waren, von den Eltern getrennt zu werden, den sozialen Status in der Peergruppe zu verlieren und die Familie zu enttäuschen oder Ärger innerhalb der Familie zu bekommen, weil man sich für psychische Probleme Hilfe gesucht hat. Die dritte Hauptbarriere bezieht sich auf Beziehungsfaktoren zwischen Jugendlichen und professionellen Behandler:innen, insbesondere die Angst vor einem Bruch der Schweigepflicht und Ängste, intime Informationen preiszugeben. Systemische und strukturelle Barrieren beinhalteten vor allem ein Mangel an Zeit und Kosten in Verbindung mit einer Behandlung. In Deutschland sind die Kosten einer psychiatrischen und psychotherapeutischen Versorgung von der Krankenkasse abgedeckt. Dennoch können weitere Kosten entstehen (z. B. für den Transport oder der zusätzlichen Kinderbetreuung bei Geschwisterkindern). Auch der Zeitfaktor ist nicht unerheblich, wenn lange Anfahrtswege gerade im ländlichen Raum bestehen und die Anforderungen an Familien zeitlich sehr hoch sind (Organisation von Lohn- und Carearbeit).

2.3　Unterstützungsfaktoren von Hilfesuchverhalten

Neben sozialer Unterstützung oder Ermutigung zur Hilfesuche durch z. B. Familie oder Freund:innen als Unterstützungsfaktoren haben vergangene positive Erfahrungen bei der Inanspruchnahme von Hilfe einen positiven Einfluss auf das Hilfesuchverhalten (Aguirre Velasco et al., 2020; Gulliver et al., 2010; Radez et al., 2021). Der Kontakt zu jemandem, der aufgrund seiner psychischen Probleme selbst Hilfe in Anspruch genommen hat, ist ferner mit einer positiveren Einstellung gegenüber psychosozialen Diensten und der eigenen Hilfesuche verbunden (Vogel et al., 2007). Junge Menschen sind eher dazu bereit, formelle Hilfsquellen aufzusuchen, wenn sie sich respektiert und nicht verurteilt fühlen. Dies verdeutlicht, dass selbst ein positiver Kontakt, in dem möglicherweise keine Hilfe direkt angenommen wird, verzögert für eine Erleichterung im Hilfesuchprozess sorgen kann. Nicht selten brauchen Betroffene mehrere Angebote oder Rückmeldungen, bis sie bereit sind, Hilfe zu suchen. Daher kann auch ein nicht angenommenes Hilfsangebot wichtig im weiteren Verlauf sein. Auch brauchen Betroffene Zeit und Raum, sich Gedanken über eine Rückmeldung zu machen, dass ihre psychischen Probleme einen Krankheitswert haben. Jugendliche wünschen sich hierbei vor allem einen respektvollen Umgang, das Gefühl, nicht verurteilt oder abgewertet zu werden und das Gefühl, mit ihren Problemen ernst genommen zu werden. Sie wünschen sich weiterhin von der Gesellschaft eine Normalisierung von Hilfesuchverhalten bei psychischen Störungen und eine Entstigmatisierung von psychischen Störungen. Es wird als hilfreich empfunden, wenn das soziale Netzwerk im Hilfesuchprozess unterstützend wirkt. Eine hohe emotionale Kompetenz der Jugendlichen ist weiterhin mit einer höheren Intention, informelle (z. B. Freund:innen, Familie) sowie formelle Hilfe (z. B. psychiatrische oder psychotherapeutische Versorgungsangebote) aufzusuchen, verknüpft (Ciarrochi et al., 2002; et al., 2005).

2.4 Psychische Gesundheitskompetenz und Inanspruchnahme von Hilfe

Psychische Gesundheitskompetenz (engl.: Mental Health Literacy, *MHL*) stellt sowohl im gesellschaftlichen Alltag als auch im therapeutischen Kontext einen wichtigen Aspekt dar. Zahlreiche Studien konnten zeigen, dass MHL psychische Gesundheit beeinflusst und mit dem psychischen Wohlbefinden zusammenhängt (Bjørnsen et al., 2019; Bröder et al., 2017; Jorm, 2012; Kutcher et al., 2016; Lam, 2014; Wei et al., 2013). Eine Studie von Lam et al. (2014) konnte beispielsweise zeigen, dass eine geringe psychische Gesundheitskompetenz mit Depressionen assoziiert wird. Ähnliche Befunde zeigen sich auch in der Erforschung von Resilienz, welche als »Widerstandsfähigkeit eines Individuums, sich trotz ungünstiger Lebensumstände und kritischer Lebensereignisse erfolgreich zu entwickeln« (Warner, 2022) definiert wird. Mental Health Literacy gilt als wichtiger Resilienzfaktor, welcher vor allem in der Bewältigung von kritischen Erlebnissen und der Anpassung daran eine Rolle spielt (Fraser & Pakenham, 2009).

Das Forschungsgebiet zu Barrieren im Zusammenhang mit Hilfesuchverhalten unterscheidet zwischen individuellen und strukturellen Barrieren. MHL kann dabei als individuelle, persönliche Barriere verstanden werden, wohingegen die Verfügbarkeit, Zugänglichkeit und Angemessenheit von professionellen Hilfsangeboten (z. B. Kosten, Wartezeiten, sprach- und kultursensible sowie evidenzbasierte Behandlung) als strukturelle Barrieren einzuordnen sind. In einer Übersichtsarbeit zu Barrieren konnten verschiedene Faktoren identifiziert werden, die in Zusammenhang mit der Inanspruchnahme von Hilfe bei psychischen Problemen stehen. In fast allen eingeschlossenen Studien (96%) standen individuelle Faktoren hinsichtlich der Relevanz bei der Hilfesuche im Vordergrund. Damit gemeint sind vor allem Wissensaspekte und Einstellungen zu psychischer Gesundheit und Hilfsangeboten (Radez et al., 2021).

In Bezug auf den Zusammenhang von MHL und Hilfesuche zeigt eine Forschungsarbeit, dass eine höhere psychische Gesundheitskompetenz bei vorliegender psychischer Erkrankung mit einer höheren Wahrscheinlichkeit der Inanspruchnahme von Hilfe einhergeht (Tomczyk et al., 2018). In einer längsschnittlich angelegten Studie zeigten sich ebenfalls Hinweise für einen möglichen Zusammenhang zwischen MHL und Hilfesuche (Bonabi et al., 2016). Personen mit höheren MHL-Werten beim ersten Messzeitpunkt nahmen bei einer sechsmonatigen Nachbefragung mehr psychologische Dienstleistungen in Anspruch als Personen mit niedrigeren MHL-Werten, und dies unabhängig von der Schwere der Symptomatik und vorherigen Therapieerfahrungen. Außerdem hatten positivere Einstellungen zur Versorgung psychischer Erkrankungen einen signifikanten Einfluss auf die Inanspruchnahme von Unterstützung (Bonabi et al., 2016). In einer Studie von Thompson et al. (2004) konnte ein Zusammenhang zwischen MHL und Hilfesuchverhalten ebenfalls gezeigt werden. Die Ergebnisse legen dar, dass eine Verzögerung in der Inanspruchnahme von Hilfe im Zusammenhang mit fehlendem Wissen über geeignete Unterstützungsangebote sowie der unzureichenden Fähigkeit, die psychische Belastung zu erkennen und einzuordnen, steht. Eine niedrig ausgeprägte Mental Health Literacy stellt auch im Kindes- und Jugendalter ein erhebliches Hindernis dar, wenn es um die Inanspruchnahme von Hilfe geht. Mehr als die Hälfte der jungen Menschen gab in einer schottischen Studie an, dass sie keine Hilfe für ihre psychischen Probleme gesucht haben, weil sie nicht verstanden haben, wie sie die Symptomatik einordnen sollten (Goodfellow et al, 2021). Dies verdeutlicht, dass psychische Gesundheitskompetenz eine wesentliche Rolle hinsichtlich des eigenen Hilfesuchverhaltens und daraus folgender Genesung spielt. Gleichzeitig zeigen diverse Studienergebnisse auch, dass das Erkennen einer psychischen Erkrankung nicht per se mit einer Empfehlung oder Inanspruchnahme geeigneter Hilfsmaßnahmen im Zusammenhang steht (Attygalle et al, 2017; Lam, 2014;). Beispielsweise zeigte eine Forschungsarbeit, dass 68.7% der befragten Jugendlichen eine Depression zwar richtig erkannten, aber lediglich 48.2% professionelle Hilfe dafür empfahlen (Attygalle et al., 2017). Insgesamt kann das Wissen über und das Erkennen von Krankheiten also dazu beitragen, Hilfe zu suchen. Die erwähnten Unterschiede zeigen auch, dass möglicherweise noch andere Faktoren bei der Hilfesuche eine Rolle spielen könnten, z. B. stigmatisierende Einstellungen (Clement et al., 2015). Vor diesem Hintergrund empfehlen Radez et al. (2021), Stigmatisierungsaspekte hinsichtlich psychischer Erkrankungen und Hilfesuche in Interventionen zu adressieren. Zudem sollten Informationen zu Hilfsangeboten vermittelt werden, sowohl hinsichtlich der bestehenden Möglichkeiten als auch der Wege zur Inanspruchnahme. Dabei sollte ein Fokus auch auf Selbsthilfestrategien im Sinne der Resilienzförderung gelegt werden. All diese Aspekte stellen Kernelemente der psychischen Gesundheitskompetenz (Mental Health Literacy) dar und werden in Kapitel 4 und 5 vertieft.

2.5 Die Rolle der Eltern beim Hilfesuchverhalten von Jugendlichen mit psychischen Problemen

Das Ausmaß der elterlichen Einflussnahme auf das Hilfesuchverhalten von Kindern ist in erster Linie abhängig von deren Alter: je jünger das Kind, desto bedeutender ist die Rolle von Bezugspersonen im Hilfesuchprozess. Man könnte meinen, dass die Rolle der Eltern bei Jugendlichen eine untergeordnete Rolle spielt. Trotz der wachsenden Autonomie von Jugendlichen wird allerdings ihre Entscheidung, professionelle Hilfe in Anspruch zu nehmen, weiterhin stark von ihren Eltern beeinflusst. In einer Befragung von Jugendlichen zu Unterstützungsfaktoren beim hilfesuchenden Verhalten (Rickwood et al., 2015) gaben 40 % der weiblichen und etwa die Hälfte der männlichen Befragten im Alter von 15 bis 17 Jahren die Familie als stärksten Einfluss auf die Hilfesuche an. Selbst im frühen Erwachsenenalter (21–25 Jahre) gaben nur 41 % der jungen Frauen und etwa ein Drittel der jungen Männer an, dass sie selbst den stärksten Einfluss auf die Hilfesuche ausübten. Eine stärkere Uneinigkeit zwischen Eltern und Kind in Bezug auf die Schwere der psychischen Probleme ist ferner mit einem stärkeren negativen Einfluss der Eltern auf den Hilfesuchprozess assoziiert (Wahlin & Deane, 2012). Eltern stellen auch in Bezug auf hilfesuchendes Verhalten ein Rollenvorbild dar. Die Bereitschaft junger Menschen, Hilfe aufzusuchen, ist höher, wenn sie der Meinung sind, dass ihre Eltern die Inanspruchnahme von psychischen Gesundheitsdiensten unterstützen (Chandra & Minkovitz, 2006; Wahlin & Deane, 2012), und niedriger, wenn sie glauben, dass ihre Eltern sich wegen ihrer psychischen Erkrankung für sie schämen würden (Moses, 2009a). Eltern können folglich einerseits eine Quelle der Unterstützung sein und den Zugang zu professioneller Hilfe erleichtern, andererseits aber auch ein Hindernis im Hilfesuchprozess vieler Jugendlicher und junger Erwachsener darstellen und davon abhalten, formelle Hilfe aufzusuchen.

Eine systematische Literaturrecherche zu Barrieren bei Eltern im Hilfesuchprozess bei Kindern und Jugendlichen mit psychischen Störungen identifizierte systemisch-strukturelle Barrieren (z. B. Verfügbarkeit von Hilfe, Kosten), Einstellungen gegenüber Fachkräften in der Behandlung psychischer Störungen (wahrgenommene Effektivität der Behandlung, die Einstellungen gegenüber der Behandlung psychischer Störungen aus dem Umfeld), Barrieren in Verbindung mit Wissen über psychische Störungen und ihre Behandlung sowie familiäre Faktoren (alltägliche Verpflichtungen) (Reardon et al., 2017). Weiterhin spielte auch die Angst vor Stigmatisierung eine Rolle. Eltern haben zum Teil Ängste, schuld an der psychischen Störung des Kindes zu sein und in ihrer Rolle als Elternteil abgewertet zu werden.

Insgesamt betreffen diese Barrieren nicht nur Eltern als potentielle Personen, die den Hilfesuchprozess erleichtern können. Auch Lehrkräfte sowie Kinderärzt:innnen und Hausärzt:innen (Reinke et al., 2011) berichten, dass sie wenig Wissen über psychische Störungen und ihre Behandlung in ihrer Ausbildung erwerben und oft zu wenig Zeit haben, um z. B. Angststörungen zu identifizieren (O'Brien et al., 2016). Insgesamt ist die systemische Betrachtung des Hilfesuchprozesses wichtig zum Verständnis und zum Abbau von Barrieren für einen Zugang zur Behandlung psychischer Störungen.

Überprüfung der Lernziele

- Welche Modelle von hilfesuchendem Verhalten bei gesundheitlichen Problemen kennen Sie und inwiefern passen diese in den Kontext psychischer Störungen?
- Welche spezifischen Barrieren und Unterstützungsfaktoren bei hilfesuchendem Verhalten von Kindern und Jugendlichen mit psychischen Problemen kennen Sie?
- Welchen Einfluss haben Eltern auf das Hilfesuchverhalten ihrer Kinder im Falle von psychischen Problemen?

Weiterführende Literatur

Eine Übersicht der Barrieren bei hilfesuchendem Verhalten von Eltern von Kindern mit psychischen Störungen findet sich hier:

Aguirre Velasco, A., Cruz, I. S. S., Billings, J., Jimenez, M., & Rowe, S. (2020). What are the barriers, facilitators and interventions targeting help-seeking behaviours for common mental health problems in adolescents? A systematic review. BMC Psychiatry, 20(1). https://doi.org/10.1186/s12888-020-02659-0

Radez, J., Reardon, T., Creswell, C., Lawrence, P. J., Evdoka-Burton, G., & Waite, P. (2021). Why do children and adolescents (not) seek and access professional help for their mental health problems? A systematic review of quantitative and qualitative studies. European Child & Adolescent Psychiatry, 30(2), 183–211. https://doi.org/10.1007/s00787-019-01469-4

Reardon, T., Harvey, K., Baranowska, M., O'Brien, D., Smith, L., & Creswell, C. (2017). What do parents perceive are the barriers and facilitators to accessing psychological treatment for mental health problems in children and adolescents? A systematic review of qualitative and quantitative studies. European Child & Adolescent Psychiatry, 26(6), 623–647. https://doi.org/10.1007/s00787-016-0930-6

3 Transgenerationale Weitergabe von psychischen Störungen – das Transmissionsmodell

> **Lernziele**
>
> - Sie können erklären, was transgenerationale Transmission psychischer Erkrankungen bedeutet.
> - Sie kennen die vier Ebenen der transgenerationalen Transmission.
> - Sie haben einen Überblick über verschiedene Risiko- und Schutzfaktoren der kindlichen Psychopathologie in den jeweiligen Ebenen erhalten.

Die transgenerationale Transmission psychischer Störungen wird im Folgenden als zentraler und komplexer Prozess vorgestellt, der sowohl Barrieren als auch mögliche Unterstützungsfaktoren in Bezug auf die Hilfesuche von Kindern und Jugendlichen beleuchtet. Es werden Risikofaktoren für Kinder und Jugendliche betrachtet, selbst eine psychische Störung zu entwickeln, als auch Schutzfaktoren, die dem entgegenwirken.

3.1 Transgenerationale Transmission

Wenn es in der Familie eine von psychischer Erkrankung betroffene Person gibt, so hat dies Einfluss auf das Gesamtsystem Familie sowie auf jedes einzelne Mitglied. Kinder psychisch erkrankter Eltern sind in besonderer Weise betroffen und haben ein zwei- bis 13fach höheres Risiko im Laufe ihres Lebens selbst eine psychische Erkrankung zu entwickeln (Dean et al., 2018; Weissmann et al., 2006; Beardslee et al., 1993). Zudem liefern Studien Hinweise auf einen positiven Zusammenhang zwischen den psychopathologischen Symptomen von Kindern und Eltern, der im mittleren Effektstärkebereich liegt (r = .23 – .30) (Loechner et al., 2020; Wiegand-Grefe et al., 2011).

Es bestehen vielfältige Risiko- und Schutzfaktoren, die miteinander interagieren und das Risiko für Kinder psychisch erkrankter Eltern, selbst an einer psychischen Störung zu erkranken, erhöhen oder verringern können. Die sogenannte *transgenerationale Transmission* beschreibt diesen Prozess. Die Erkrankung wird von einer Generation an die nächste *weitergegeben*. Hier geht es jedoch nicht um eine *Ansteckung* oder eine direkte Vererbung der Erkrankung, sondern um ein äußerst kom-

3 Transgenerationale Weitergabe von psychischen Störungen – das Transmissionsmodell

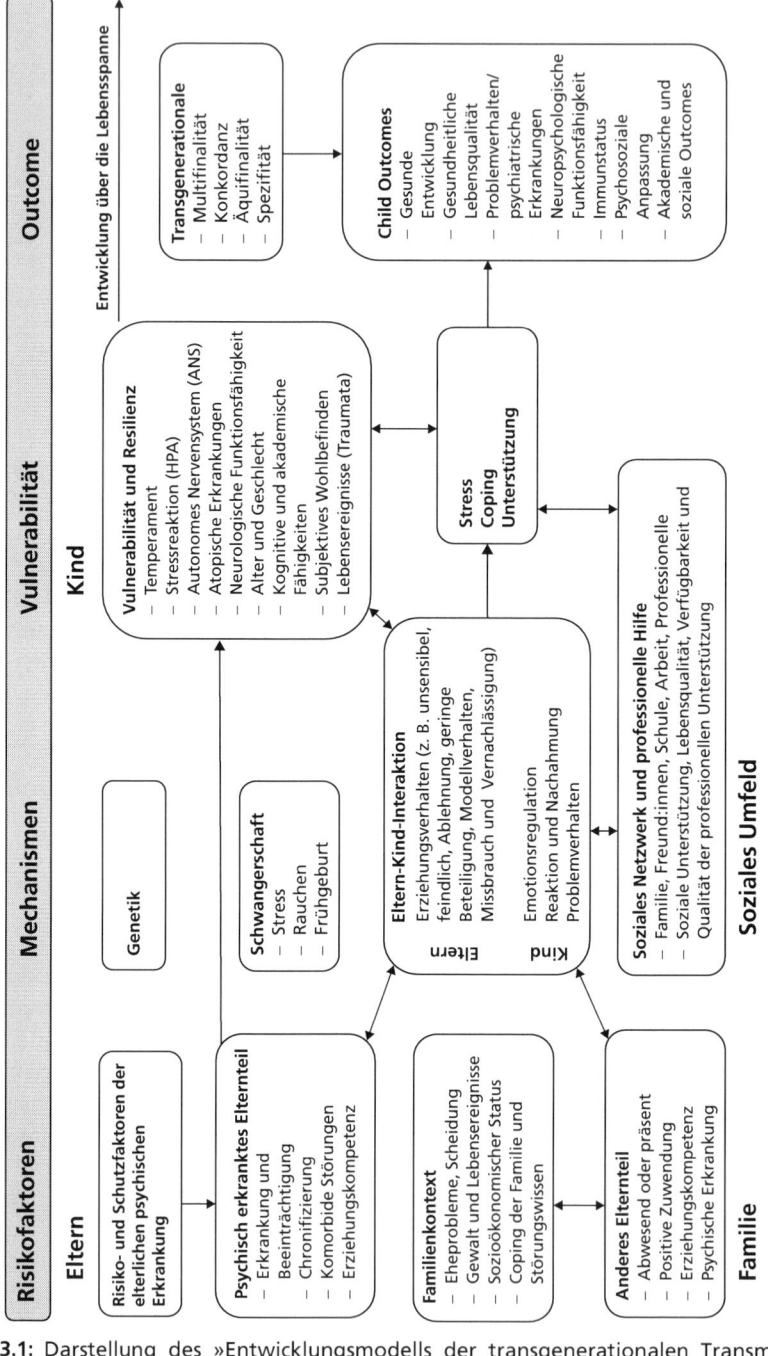

Abb. 3.1: Darstellung des »Entwicklungsmodells der transgenerationalen Transmission psychischer Störungen« von Hosman et al. (2009) nach Christiansen et al. (2019), eigene Übersetzung.

plexes Zusammenspiel von verschiedenen Faktoren. Die Risikofaktoren sind entweder direkt durch das Verhalten, die Emotionen und Kognitionen der Eltern verursacht oder durch eine Vielzahl von familiären und kontextuellen Stressoren, die mit psychischen Erkrankungen der Eltern einhergehen, wie z. B. Ehekonflikte, soziale Isolation und Armut (Goodman & Gotlib, 1999; Hosman et al., 2009; van Santvoort et al., 2015).

Goodman und Gotlib haben 1999 ein Modell entwickelt, welches dieses Phänomen aufgreift, das sogenannte »Entwicklungsmodell zum Verstehen der Mechanismen der Transmission, bezogen auf Kinder von Müttern mit Depression« (Goodman & Gotlib, 1999). Dieses wiederum wurde von Hosman et al. weiter zum »Entwicklungsmodell der transgenerationalen Transmission von Psychopathologie« ausdifferenziert (Hosman et al., 2009). Das Modell unterscheidet zwischen verschiedenen miteinander interagierenden Bereichen und Systemen, die im Folgenden »Ebenen« genannt werden und näher vorgestellt werden sollen. Weiterhin differenziert es zwischen verschiedenen transgenerationalen Risikotransmissionen: 1) der genetische Einfluss, 2) die pränatalen Risikofaktoren, 3) Familienprozesse und -bedingungen, 4) soziale Einflüsse außerhalb der Familie. Alle Ebenen und transgenerationale Risikotransmissionen sowie die kindlichen Entwicklungsphasen interagieren miteinander und sind nicht unabhängig voneinander zu betrachten, siehe auch Abbildung 3.1. Im Transmissionsmodell werden zudem die Konzepte der Äquifinalität (eine spezifische Störung kann das Ergebnis verschiedener Ursachen sein), Multifinalität (ein spezifischer Risikofaktor kann sich auf unterschiedliche Arten manifestieren) sowie konkordante Zusammenhänge (gleiche Störung bei Eltern und Kind, was sich häufig bei Angsterkrankungen zeigt) berücksichtigt.

Von Relevanz sind beim Thema Transmission psychischer Störung neben genetischen Faktoren, die vor allem bei Schizophrenie und bipolaren Störungen eine große Rolle spielen (z. B. Shi et al., 2004; Tandon et al., 2009; Wilde et al., 2014), Ergebnisse aus Studien der Epigenetik. So gaben innerhalb der letzten Jahre mehrere Studien Hinweise darauf, dass die transgenerationale Weitergabe von Traumafolgestörungen unter anderem durch epigenetische Regulierungen der Genexpression vermittelt wird und sogar über mehrere Generationen hinweg übertragen werden kann (Švorcová, 2023).

3.2 Elternebene

Zunächst wird die Ebene der elterlichen Einflusssphäre, die die transgenerationale Weitergabe psychischen Störungen mit bedingt, betrachtet. Hier spielen sowohl die Eigenschaften der elterlichen Erkrankung und mögliche Risikofaktoren während der Schwangerschaft als auch die Erziehungskompetenz und die Ausgestaltung der Eltern-Kind-Interaktionen eine bedeutende Rolle.

3.2.1 Eigenschaften der elterlichen Psychopathologie

Eltern mit psychischen Störungen erleben schon aufgrund ihrer Erkrankung hohen psychosozialen Stress. Mit der psychischen Störung sind in der Regel ein niedriger Selbstwert sowie ein sehr starker Selbstfokus verbunden. Die Erziehung von Kindern stellt daher für diese Eltern eine extreme Herausforderung und Belastung, wenn nicht eine Überforderung dar. Die Interaktion mit den Kindern ist häufig gestört, die Bedürfnisse – auch Grundbedürfnisse – der Kinder können teilweise nicht adäquat wahrgenommen und befriedigt werden.

Es existieren einige Risikofaktoren für das Entwickeln einer psychischen Störung für das Kind in der Charakteristik der elterlichen psychischen Erkrankung: Zum einen wurde in mehreren Studien herausgefunden, dass der Grad der Chronifizierung das Risiko der Transmission erhöht. Rezidivierende und chronifizierte elterliche Erkrankungen erhöhen demnach das Risiko deutlich (Ashman et al., 2002; Beardslee, Schultz & Selman, 1987; Foster et al., 2008; Halligan et al., 2007). Wenn hingegen eine Mutter nur eine postpartale Depression oder eine einzige depressive Episode hatte, erhöhte sich das Risiko für deren Kinder nicht (Halligan et al., 2007). Darüber hinaus erhöhen vorhandene komorbide Störungen des Elternteils ebenfalls das Risiko für die Kinder selbst zu erkranken (Goodman, 2007; Kim-Cohen et al., 2006; Rutter et al., 2006). Wenn beide Eltern eine psychische Erkrankung haben, erhöht sich das Risiko ebenfalls. Dies trifft vor allem auf bipolare sowie Substanzabhängigkeiten zu (Birmaher et al., 2009; Clark et al., 2004). Die Lebenszeitprävalenz einer psychiatrischen Erkrankung liegt laut der Netherlands Mental Health Survey and Incidence Study (NEMESIS Studie) bei 48–55 % bei einem Elternteil mit einer einzelnen psychiatrischen Erkrankung. Sind beide Eltern erkrankt, steigt der Wert auf 66.5 % (Spijker et al., 2002). Als Wirkmechanismus wird hier neben genetischen Faktoren die assortative Paarung diskutiert. Diese besagt, dass Menschen dazu neigen, sich Partner:innen auszusuchen, die ihnen sehr ähnlich sind, sodass ggf. genetische Risikofaktoren von beiden Elternteilen eine Rolle spielen können (Mattejat & Remschmidt, 2008).

Dem Ersterkrankungsalter des Elternteils kommt ebenfalls eine bedeutende Rolle zu. Bei einem Onset vor dem 30. Lebensjahr des Elternteils erhöht sich das Risiko für die Kinder (RR =13.1 versus RR =4.1). Dies kann zum einen durch genetische Faktoren erklärt werden kann, zum anderen jedoch auch durch aversive psychosoziale Umstände, wie sie z. B. mit Teenagerschwangerschaften in Zusammenhang gebracht werden (Kluth, Stern, Trebes & Freyberger, 2010; Wickramaratne & Weissmann, 1998). Laut aktueller Studienlage wirkt sich eine frühe Exponierung mit der elterlichen Erkrankung, auch bereits während der Schwangerschaft, am stärksten auf die Kinder aus (Maughan, Cicchetti, Toth & Rogosch, 2007; Ronsaville, Municchi, Laney et al., 2006). Hammen und Brennan (2003) sowie Garber und Cole (2010) haben ebenfalls gezeigt, dass die Erfahrung einer mütterlichen Depression zu irgendeinem Zeitpunkt in den ersten zehn bzw. zwölf Lebensjahren mit einem erhöhten Risiko einer Depression in der Adoleszenz verbunden war.

3.2.2 Risikofaktoren während der Schwangerschaft

Vermehrter Stress und Ängste während der Schwangerschaft haben sich als Risikofaktoren für eine hohe Stressreaktivität sowie emotionale und behaviorale Probleme der Kinder herausgestellt. Dies lässt sich auf durch Stress und Angst ausgelöste Beeinträchtigungen der wachsenden Hirnfunktionen und des Emotionsregulationssystems in der Hypothalamus-Hypophysen-Nebennierenrinden-Achse (HPA-Achse) zurückführen (Ashman et al. 2002; Huiznik, Robles de Medikna, Mulder et al., 2003; O'Connor et al., 2002). Ein solcher Stress kann durch ein hohes Level an pränatalen Ängsten, traumatischen Ereignissen oder Verlusterfahrungen, aber auch durch finanzielle Schwierigkeiten, häusliche Gewalt oder Scheidung ausgelöst werden. Vor allem finanzielle Schwierigkeiten, häusliche Gewalt und Scheidung sind bei psychischen Erkrankungen nicht unüblich. Diese Bedingungen können ebenso ein Risikoverhalten begünstigen wie z.B. Rauchen und Alkoholkonsum während der Schwangerschaft. Dieses Risikoverhalten hat einen nachgewiesenen negativen Einfluss auf die Gesundheit der Kinder und kann Problemverhalten in der Adoleszenz verursachen (z.B. Wakschlag et al., 2002).

3.2.3 Erziehungskompetenz und Eltern-Kind-Interaktion

Viele Studien belegen eine signifikante Rolle einer gestörten Interaktion zwischen Eltern mit deren Kindern und geringer Erziehungskompetenzen in Bezug auf die transgenerationale Transmission psychischer Risiken. Elterliche Psychopathologie erhöht die Wahrscheinlichkeit von unsensibler Interaktion, sogar Feindseligkeit, Ablehnung und Kindesmissbrauch (z.B. Bifulco et al., 2002; Elgar et al., 2007; Mattejat & Remschmidt, 2008; Leinonen et al., 2003). High Expressed Emotion, was sich kennzeichnet durch ein hohes Maß an Kritik, Feindseligkeit und/oder emotionalem Überengagement, wird als Maß verwendet, um negative Interaktionen in Familien zu messen. Vor allem ein erhöhtes Maß an Kritik wurde bei einer elterlichen Psychopathologie gefunden (Fahrer et al., 2022). Vor allem während der frühen Lebensjahre lösen diese Verhaltensmuster dysregulierte emotionale Muster, negative Emotionalität, unsichere Bindung und ein verringertes Selbstvertrauen aus (Hipwell, Goosens, Melhuish & Kumar, 2000; Maughan et al., 2007; Rogosch, Cicchetti & Toth, 2004). Diese Folgen wurden über verschiedene elterliche Diagnosen hinweg gefunden. Werden neuronale Erregungsmuster negativer Emotionen bei Kindern in dysfunktionalen Bindungsbeziehungen häufig aktiviert, entwickeln sich bei ihnen Netzwerke, die sie für Emotionen dieser Art sensibilisieren (Grawe, 2004). Eine Reihe von Metaanalysen verdeutlicht, dass Eltern von Kindern mit ängstlich-vermeidendem Bindungsstil über ein geringeres Maß elterlicher Responsivität und ein erhöhtes Maß maladaptiver Erziehungsstrategien verfügen (Koehn & Kerns, 2018). Zudem werden Bindungsstile häufig von Eltern an ihre Kinder weitergegeben und setzen sich so auch über mehrere Generationen fort (Gomille & Gloger-Tippelt, 1999).

Zudem können Eltern ein pathologisches Modell- sowie Copingverhalten (bspw. Alkoholkonsum zur Stimmungskontrolle oder emotionales Essen) zeigen, was durch deren Nachkommen nachgeahmt wird. Es gibt außerdem Evidenz, dass diese Risikofaktoren, die das Verhalten betreffen, über mehrere Generationen hinweg weitergegeben werden. Eltern, die sich ablehnend, gewaltvoll oder missbrauchend ihrem Kind gegenüber verhalten, waren als Kinder häufig selbst Opfer dieser Verhaltensmuster (Sidebotham & Heron, 2006).

3.3 Familiäre Ebene

Neben den direkt auf die Eltern bezogenen Faktoren spielen auch familiäre Faktoren, die das Gesamtsystem Familie betreffen, eine bedeutende Rolle. Das Erleben von familiärer Disharmonie, häuslicher Gewalt, finanziellen Problemen sowie familienbezogenen Lebensereignissen können zum einen Konsequenzen, zum anderen Risikofaktoren elterlicher Psychopathologie sein. Abhängig von der Schwere und der Dauer kann die Erkrankung einen ausgeprägten Einfluss auf die eheliche Beziehung und das Familienleben haben. Mehrere Studien belegen, dass solche Bedingungen die Auswirkungen der elterlichen Erkrankung auf das Kind mediieren. Auch wenn sie keine Mediationsrolle innehaben (sprich, wenn sie vorhanden sind – unabhängig von der elterlichen Psychopathologie), moderieren diese Bedingungen das Risiko der Nachkommen und tragen zu einer Akkumulation von Risikofaktoren in dem Leben eines Kindes bei. Ungeachtet von der Art der elterlichen Erkrankung, wurde ein Zusammenhang zwischen der Anzahl der Risikofaktoren und dem Auftreten von Psychopathologie bei den Nachkommen gefunden (Appleyard, Egeland, van Dulmen & Sroufre, 2005; Nair et al., 2003; Whitaker, Orzol & Kahn, 2006). Dies lässt vermuten, dass die Identifikation des Vorhandenseins einer Akkumulation von Risikofaktoren sowie die Reduktion der Anzahl dieser eine sinnvolle Präventionsstrategie für Kinder psychisch erkrankter Eltern sein könnte. Der Einfluss des anderen Elternteils kann einen Schutzfaktor oder aber auch einen weiteren Risikofaktor darstellen. Ein zugewandter, umsorgender und unterstützender Elternteil, der die Erkrankung des anderen Elternteils versteht, kann die negativen Effekte etwa einer mütterlichen Depression abfedern (Chang, Halpern & Kaufman, 2007; Crockenberg & Leerkes, 2003). Wenn der:die Partner:in jedoch auch an einer psychischen Erkrankung leidet oder gewalttätiges oder missbräuchliches Verhalten zeigt, erhöht sich das Risiko des Kindes zusätzlich (z. B. Birhamer et al., 2009; Clark et al., 2004). Eine Herausforderung sind Familien mit nur einem Elternteil, da hier keine Unterstützung durch den gesunden anderen Elternteil erfolgt. Insgesamt findet sich in Familien mit mindestens einem psychisch erkrankten Elternteil häufig eine Überrepräsentation verschiedener Risikofaktoren, die miteinander interagieren und sich kumulieren. Nicht selten führt dies bei den Familien zu einem sozialen Rückzug, wodurch es den Kindern häufig an kompensierenden Beziehungserfahrungen fehlt (Lenz & Wiegand-Grefe, 2017).

3.4 Kindbezogene Ebene

Da die kindliche Vulnerabilität (*Verletzbarkeit*) unter widrigen Lebensumständen (z. B. die elterliche psychische Störung) das Risiko der Entwicklung eigener psychischer Störungen erhöht, resiliente (*widerstandsfähige*) Kinder sich jedoch auch unter widrigen Umständen gesund entwickeln, erscheinen die kindbezogenen Faktoren ebenfalls äußerst relevant (u. a. Werner & Smith, 2001). Die wichtigsten kindbezogenen Faktoren sind: schwieriges Temperament, behaviorale Inhibition (*Verhaltenshemmung*, verstärktes Vermeidungsverhalten), negative Emotionalität, erhöhte Stressreaktivität, unsichere Bindung, negativer Selbstwert, geringe soziale und kognitive Fähigkeiten, geringes Wissen über die elterliche psychische Erkrankung, Parentifizierung, Selbstvorwürfe (u. a. Hosman, van Doesum & van Santvoort, 2009).

Die Vulnerabilität kann als mediierender Faktor zwischen elterlicher psychischer Erkrankung sowie dem Risiko der kindlichen Psychopathologie fungieren, wenn diese Vulnerabilität auf das Verhalten der Eltern oder andere Risikofaktoren im Zusammenhang mit der elterlichen Erkrankung zurückzuführen ist. Beispielsweise legen mehrere Studien nahe, dass unsichere Bindung den Zusammenhang zwischen elterlicher Psychopathologie und sozio-emotionaler Entwicklung bei Kindern mediiert (Cicchetti et al., 1998; Rangarajan, 2008). Vulnerabilität kann auch unabhängig von einer elterlichen Störung vorhanden sein und als Moderator der Auswirkungen einer elterlichen Störung auf das Kind fungieren (z. B. charakteristische Merkmale). Dies kann durch resiliente Merkmale, die von einem oder beiden Elternteilen vererbt werden, ausgeglichen werden. Selbst wenn genetische Risiken vorhanden sind, deutet die aktuelle genetische Forschung darauf hin, dass ihre Ausprägung durch Wechselwirkungen zwischen genetischen Faktoren, neurobiologischen Prozessen und Umweltbedingungen beeinflusst wird (Caspi & Moffitt, 2006; Rutter, Moffitt & Caspi, 2006). Einige biologische Prozesse und Bedingungen könnten durch präventive Maßnahmen verändert werden. So wurde beispielsweise die neurobiologische Funktion während der Schwangerschaft bei depressiven Müttern erfolgreich durch Massage beeinflusst. Es wurde festgestellt, dass eine pränatale Massagetherapie die postpartale Depression verringert, den Cortisolspiegel senkt und das Verhalten der Neugeborenen verbessert (Field, Hernandez-Reif, Deeds & Figueiredo, 2009).

Schutzfaktoren entsprechen hauptsächlich dem Gegenteil dieser Risikofaktoren: z. B. positive Emotionalität und Temperament, sichere Bindung, positiver Selbstwert und Selbstvertrauen, kognitive und soziale Kompetenzen, Wissen um die elterliche psychische Erkrankung sowie wahrgenommene soziale Unterstützung (z. B. Beardslee & Podorefsky, 1988; Hammen, 2003). Obwohl Schutzfaktoren in Bezug auf die Entwicklung von Kindern umfassend erforscht wurden, gibt es nur sehr wenig Forschung in Bezug auf deren Rolle in der Transmission der elterlichen Psychopathologie. Die Ergebnisse einer Studie über die Rolle der Emotionsregulation bei Kindern depressiver Mütter im Alter von vier bis sieben Jahren deuten darauf hin, dass eine positive Belohnungserwartung bei Kindern einen signifikant schützenden

Einfluss auf die Entwicklung internalisierender Probleme im Zusammenhang mit einer mütterlichen Depression hat (Silk et al., 2006).

3.5 Umweltebene

Die Umweltebene stellt die letzte der zentralen Ebenen transgenerationaler Transmission psychischer Störungen dar. So wie bei den anderen Faktoren, können auch Faktoren außerhalb der Familie entweder Risiko- oder Schutzfaktoren für Kinder psychisch erkrankter Eltern darstellen. Soziale Netzwerke können kognitive, emotionale sowie alltagspraktische Unterstützung sowohl für die Eltern als auch für die Kinder bieten, z. B. durch Zuwendung, falls der Elternteil nicht emotional verfügbar ist, oder durch Erziehungsratschläge, ein offenes Ohr oder das Ermöglichen von positiven Erlebnissen. Soziale Netzwerke können Großeltern, Nachbar:innen, Freund:innen, Lehrkräfte oder Gleichaltrige beinhalten, die in einem ähnlichen Umfeld aufwachsen. Eine groß angelegte prospektive Studie zeigte, dass das Auftreten von internalisierenden Problemen bei Kindern depressiver Mütter geringer war, wenn die Mütter soziale Unterstützung erhielten und die Kinder von anderen Betreuungspersonen als der Mutter versorgt wurden (Lee et al., 2006).

Schulen werden von Kindern psychisch erkrankter Eltern häufig als Ort benannt, der ihnen die Möglichkeit gibt, dem schwierigen Familienumfeld zu entkommen. Hier können sie sich ablenken und häufig positive Erfahrungen machen. Auf der anderen Seite können Schulen, aber auch die Nachbarschaft oder andere Akteure des sozialen Netzwerks zur Quelle zusätzlichen Stresses und sozialer Isolation werden, nicht selten aufgrund des vorhandenen gesellschaftlichen Stigmas, welches mit psychischen Erkrankungen assoziiert wird.

Auch das Gesundheitssystem wird von Kindern psychisch erkrankter Eltern häufig als Hürde benannt. Häufig wird berichtet, dass sie wenig Unterstützung durch die Fachkräfte erfahren, die ihre Eltern behandeln (z. B. Drijver & Rikken, 1989; Fudge & Mason, 2004; Knuttson-Medin et al., 2007). In der Erwachsenenversorgung herrschen ein mangelndes Bewusstsein und mangelnde Sensitivität bezüglich der Auswirkungen der elterlichen psychischen Erkrankung für das Kind. Auch wenn ein solches Bewusstsein vorhanden ist, erhalten Kinder nicht ausreichend Unterstützung: entweder haben Fachkräfte nicht ausreichend Kenntnisse bzgl. kindzentrierter Interventionen oder es mangelt an der Zusammenarbeit zwischen der Versorgung von Erwachsenen und derjenigen von Kindern und Jugendlichen.

3.6 Transmissionsforschung

In der Bella-Studie, dem Modul zur psychischen Gesundheit des Kinder- und Jugendsurveys zur Gesundheit von Kindern und Jugendlichen in Deutschland (Wille et al., 2008), sowie in einer großen epidemiologischen Studie von Kessler und Kollegen (2010) konnte nachgewiesen werden, dass die identifizierten Risikofaktoren kumulieren, das heißt, je mehr Risikofaktoren vorliegen, desto höher ist die Rate psychischer Störungen und Auffälligkeiten bei den Kindern und Jugendlichen. Auch bei den Schutzfaktoren zeigt sich ein Kumulationseffekt, das heißt, je mehr Schutzfaktoren vorliegen, desto geringer ist die Rate an psychischen Störungen und Auffälligkeiten bei den Kindern und Jugendlichen (Wille et al., 2008).

In der bisherigen Transmissionsforschung wurden meist einzelne Facetten fokussiert, die komplexe Interaktion zwischen den verschiedenen Ebenen und Faktoren hingegen vernachlässigt. Zudem wurde bislang auch das Zusammenspiel zwischen identifizierten Schutz- und Risikofaktoren weitestgehend außer Acht gelassen. Hier besteht weiterer Forschungsbedarf, der sich auch in der bestehenden Identifikations- und Versorgungslücke von Kindern psychisch erkrankter Eltern widerspiegelt. Die Weitergabe von psychischen Erkrankungen von einer an die nächste Generation kann nur unterbrochen werden, indem die einzelnen Transmissionsmechanismen genau verstanden, aber auch die Interaktionen zwischen den Ebenen berücksichtigt werden.

In Bezug auf das Aufsuchen von Hilfsangeboten erscheinen hier v. a. folgende Punkte von Relevanz:

- Die Behandlung der elterlichen Erkrankung erscheint zentral, um eine Chronifizierung zu verhindern sowie evtl. auftretende komorbide Störungen. Dazu bedarf es niedrigschwelliger Hilfsangebote. Die Behandlung der elterlichen Erkrankung stellt den zentralsten Schutzfaktor für Kinder dar.
- Ein gesundes Coping der Familie mit der elterlichen Erkrankung sowie vorhandenes Störungswissen sind elementar. Dazu benötigt es Aufklärung und Vermittlung von Wissen für alle Familienmitglieder.
- Ein soziales Netzwerk, das von Stigmatisierung psychischer Erkrankungen durchdrungen ist, verhindert die Inanspruchnahme von informeller und formeller Hilfe.

> **Überprüfung der Lernziele**
>
> - Was bedeutet transgenerationale Transmission psychischer Störungen?
> - Nennen Sie die vier zentralen Ebenen der Transmission nach dem Modell von Hosman et al. (2009).
> - Nennen und erläutern Sie für jede dieser Ebene mindestens jeweils drei Risiko- und Schutzfaktoren.

Weiterführende Literatur

Goodman, S. H., & Gotlib, I. H. (1999). Risk for psychopathology in the children of depressed mothers: a developmental model for understanding mechanisms of transmission. Psychological review, 106(3), 458–490. https://doi.org/10.1037/0033-295x.106.3.458

Hosman, C. M. H., van Doesum, K. T. M., & van Santvoort, F. (2009). Prevention of emotional problems and psychiatric risks in children of parents with a mental illness in the Netherlands: I. The scientific basis to a comprehensive approach. Australian e-Journal for the Advancement of Mental Health, 8(3).

Wille, N., Bettge, S. & Ravens-Sieberer, U. (2008). Risk and protective factors for children's and adolescents' mental health: results of the BELLA study. European Child & Adolescent Psychiatry, 17 Suppl 1, 133–147.

4 Psychische Gesundheitskompetenz

> **Lernziele**
>
> - Sie kennen die Definition und das Konzept von Gesundheitskompetenz (Health Literacy) und psychischer Gesundheitskompetenz (Mental Health Literacy).
> - Sie kennen Aspekte und Besonderheiten von Gesundheitskompetenz (Health Literacy) und psychischer Gesundheitskompetenz (Mental Health Literacy) im Kindes- und Jugendalter.
> - Sie kennen verschiedene diagnostische Herangehensweisen und Verfahren zur Erfassung/Messung von psychischer Gesundheitskompetenz.

Psychische Gesundheitskompetenz stellt einen zentralen Faktor in dem Erkennen von und dem Umgang mit psychischen Erkrankungen dar. Im Folgenden wird psychische Gesundheitskompetenz in seinen verschiedenen Facetten vorgestellt und die Besonderheiten im Kindes- und Jugendalter werden betrachtet.

4.1 Gesundheitskompetenz (Health Literacy)

Der Begriff *Gesundheitskompetenz* (engl.: Health Literacy) wird in der Literatur schon seit einigen Jahrzehnten verwendet (American Medical Association, 1999). Insbesondere in den Vereinigten Staaten wird der Begriff genutzt, um die Beziehung zwischen dem Grad der Lese- und Schreibfähigkeit der Patient:innen und ihrer Fähigkeit, die vorgeschriebenen therapeutischen Maßnahmen zu verstehen und auszuführen, zu beschreiben (American Medical Association, 1999; Parker et al., 1995). Hinsichtlich der Definition des Begriffs Gesundheitskompetenz finden sich weitere vielseitige Ansätze der Konzeptualisierung. Die zahlreichen Definitionen deuten weitestgehend gemeinsam darauf hin, dass das Konstrukt verschiedene Kompetenzen und Eigenschaften vereint, die ein Individuum befähigen sollen, Gesundheitsinformationen zu suchen, finden und zu verstehen sowie den Inhalt zu hinterfragen und zu bewerten, um basierend darauf Entscheidungen treffen zu können (Islertas, 2023; Sørensen et al. 2012; Liu et al. 2020; Abel & Sommerhalder, 2015).

Die Weltgesundheitsorganisation (World Health Organisation (WHO), 2021) definiert Gesundheitskompetenz (Health Literacy) im Original wie folgt:

> »Health literacy as representing the personal knowledge and competencies that accumulate through daily activities, social interactions and across generations. Personal knowledge and competencies are mediated by the organizational structures and availability of resources that enable people to access, understand, appraise, and use information and services in ways that promote and maintain good health and well-being for themselves and those around them.«

Aufgrund der Vielfältigkeit der Komponenten, die Gesundheitskompetenz als Konstrukt ausmachen, ist es wichtig, die Herausforderungen für Gesundheitserziehungs- und Kommunikationsprogramme zu berücksichtigen. Hierbei spielen verschiedene Dimensionen eine entscheidende Rolle (Nutbeam, 2000):

Stufe 1 – Funktionale Gesundheitskompetenz: Spiegelt das Ergebnis der traditionellen Gesundheitserziehung wider, die auf der Vermittlung von Sachinformationen über Gesundheitsrisiken und die Nutzung des Gesundheitssystems beruht. Solche Maßnahmen haben begrenzte Ziele, die auf eine verbesserte Kenntnis von Gesundheitsrisiken und Gesundheitsdiensten sowie auf die Einhaltung vorgeschriebener Maßnahmen ausgerichtet sind. Im Allgemeinen führen solche Maßnahmen zu einem individuellen Nutzen, können aber auch auf den Nutzen für die Bevölkerung ausgerichtet sein (z. B. durch die Förderung der Teilnahme an Impf- und Vorsorgeprogrammen). In der Regel laden solche Ansätze nicht zur interaktiven Kommunikation ein und fördern auch nicht die Entwicklung von Fähigkeiten und Selbständigkeit. Beispiele für diese Art von Maßnahmen sind die Erstellung von Informationsbroschüren und die traditionelle Patient:innenaufklärung.

Stufe 2 – Interaktive Gesundheitskompetenz: Der Schwerpunkt liegt hierbei auf der Entwicklung persönlicher Fähigkeiten in einem unterstützenden Umfeld. Dieser Ansatz zielt darauf ab, die persönliche Fähigkeit zu verbessern, selbstständig auf der Grundlage von Wissen zu handeln, insbesondere die Motivation und das Selbstvertrauen zu stärken, um die erhaltenen Ratschläge umzusetzen. Auch hier wird ein Großteil der Aktivitäten eher dem Einzelnen als der Bevölkerung nützen. Beispiele für diese Art von Maßnahmen finden sich in vielen aktuellen Programmen zur schulischen Gesundheitserziehung, die auf die Entwicklung persönlicher und sozialer Fähigkeiten ausgerichtet sind.

Stufe 3 – Kritische Gesundheitskompetenz: Diese Stufe bezieht sich auf die Ergebnisse der Entwicklung von kognitiven Fähigkeiten und Fertigkeiten, die darauf ausgerichtet sind, wirksames soziales und politisches Handeln sowie individuelles Handeln zu unterstützen. Im Rahmen dessen kann die Gesundheitserziehung die Vermittlung von Informationen und die Entwicklung von Fähigkeiten beinhalten, die die Durchführbarkeit und die organisatorischen Möglichkeiten verschiedener Aktionsformen zur Bewältigung der sozialen, wirtschaftlichen und umweltbedingten Gesundheitsfaktoren beleuchten. Diese Art der Gesundheitskompetenz kann neben dem Nutzen für den Einzelnen auch mit dem Nutzen für die Bevölkerung in Verbindung gebracht werden. Die Gesundheitserziehung wäre in diesem Fall darauf ausgerichtet, die Fähigkeit des Einzelnen und der Gemeinschaft zu verbessern und auf Gesundheitsfaktoren einzuwirken.

Wenn man den Begriff *Gesundheitskompetenz* mit den verschiedenen Dimensionen hinsichtlich der Stufen und Facetten in Beziehung setzt, werden die Beziehungen zwischen Bildung, Gesundheitskompetenz und der Gesundheitsförderung deutlich. Einerseits kann eine verbesserte Gesundheitskompetenz beispielsweise gesunde Lebensstilentscheidungen ermöglichen und die effektive Nutzung von Gesundheitsdiensten unterstützen. Auf der anderen Seite werden Bildungsprogramme, die auf die Erlangung einer kritischen Gesundheitskompetenz abzielen, eingesetzt, die Fähigkeit zu sozialem Handeln zu verbessern. Auf diese Weise kann die Gesundheitserziehung darauf ausgerichtet werden, Veränderungen bei den sozialen, wirtschaftlichen und umweltbedingten Gesundheitsfaktoren zu erreichen, die der Gesundheit ganzer Bevölkerungsgruppen zugutekommen können (Nutbeam, 2000).

Gesundheitskompetenz als Konzept umfasst demnach die Verarbeitung von Informationen zum Thema Gesundheit, die Reflexion und Findung von Gesundheitsentscheidungen sowie die Orientierung im Gesundheitssystem. Gesundheitskompetenz hat sich im Laufe der letzten Jahrzehnte zu einem multidimensionalen Konstrukt erweitert. Des Weiteren kann festgehalten werden, dass Gesundheitskompetenz als Konstrukt auch literale Fähigkeiten, Interaktionsfähigkeiten sowie Motivationselemente umfasst, was einen Einfluss auf protektive Entscheidungen nehmen kann. Zusätzlich wird in diesem Zusammenhang in der Literatur auch auf das Setting und die Beziehung zwischen Interaktionspartner:innen hingewiesen, die im Kontakt über Gesundheit und Krankheit sind (Islertas, 2023). Neben den Komponenten Wissen und Orientierung, zählen auch individuelle Fertigkeiten, Fähigkeiten und Ressourcen sowie situative Faktoren zur Konzeptualisierung dazu (Sørensen et al., 2012). In den letzten Jahren hat sich vor allem im europäischen Raum eine Definition durchgesetzt, die verschiedene Modelle der Gesundheitskompetenz integriert:

> »Health Literacy is linked to literacy and entails people's knowledge, motivation and competences to access, understand, appraise, and apply health information in order to make judgments and take decisions in everyday life concerning healthcare, disease prevention and health promotion to maintain or improve quality of life during the life course.« (Sørensen et al., 2012, S. 3)

Auf Grundlage dieser Definition erwartet man von Personen mit einer Erkrankung und einer ausgeprägten individuellen Health Literacy, dass sie die Motivation und das Wissen aufbringen, nach vertrauenswürdigen Informationen über die Erkrankungen zu suchen (z. B. zu geeigneten Therapieoptionen), und dass sie die gefundenen Informationen verstehen, beurteilen und für sich nutzbar machen können. Das Ziel besteht darin, eine unabhängige Entscheidung zu treffen, die mit einer verbesserten oder zumindest gleichbleibenden Lebensqualität einhergeht.

4.1.1 Health Literacy im Kindes- und Jugendalter

Kinder und Jugendliche stellen eine zentrale Zielgruppe für Forschung und Interventionen im Bereich Gesundheitskompetenz dar, da in der Kindheit und Jugend grundlegende kognitive, körperliche und emotionale Entwicklungsprozesse stattfinden und sich gesundheitsbezogene Verhaltensweisen und Fähigkeiten entwickeln (Borzelowski, 2009).

Die Entwicklung von Gesundheitskompetenz in Kindheit und Jugend gilt als entscheidend für die persönliche Gesundheit und das Wohlbefinden im Erwachsenenalter (Irwin, Siddiqi & Hertzman, 2007). Darüber hinaus wird Gesundheitskompetenz als ein variables Konstrukt verstanden, das in einem lebenslangen Lernprozess erworben wird, der in der frühen Kindheit beginnt (Zarcadoolas, Pleasant & Greer, 2005). Daher kann die gezielte Förderung der Gesundheitskompetenz bei Kindern und Jugendlichen dazu beitragen, gesunde Verhaltensweisen zu entwickeln und künftige Gesundheitsrisiken zu verringern. Darüber hinaus gibt es nur begrenzte Kenntnisse darüber, über welche Fähigkeiten und Kenntnisse ein Kind oder ein Jugendlicher verfügen sollte, um fundierte Gesundheitsentscheidungen zu treffen. Ein spezifischerer Überblick über die Gesundheitskompetenz von Kindern und Jugendlichen liegt nicht vor. Daher ist unklar, inwieweit konzeptionelle und theoretische Bemühungen zur Gestaltung und Beschreibung der Gesundheitskompetenz von Kindern und Jugendlichen derzeit die besonderen Merkmale der Zielgruppe berücksichtigen und die damit verbundenen Herausforderungen erkennen (Bröder et al., 2017). Es gibt zahlreiche Modelle und Definitionen der Gesundheitskompetenz für Erwachsene (▶ Kap. 4.1). Im Gegensatz dazu gibt es nur wenige und kaum ausdifferenzierte Modelle für Jugendliche, die von Erwachsenenkonzepten getrennt sind (Massey et al., 2012). Vier Modelle für Jugendliche basieren auf gesundheitswissenschaftlichen Erkenntnissen und berücksichtigen den Einfluss von Umweltfaktoren in Anlehnung an sozialökologische Entwicklungsmodelle (Manganello, 2008; Wharf, Begoray & MacDonald, 2009). In Finnland wurde ein Modell als Lernziel für den Gesundheitsunterricht in den Schulen entwickelt, welches aus fünf Komponenten besteht: theoretisches Wissen, praktisches Wissen, kritisches Denken, Selbstwahrnehmung und ethisches sowie soziales Engagement (Paakari & Paakari, 2012). Diese Komponenten stehen in engem Zusammenhang zu den Elementen des Konzepts der Health Literacy im Erwachsenenalter, welche in Kapitel 4.1 vorgestellt wurden.

Im Bereich kindlicher Konzepte von Krankheit und Gesundheit lässt sich die aktuelle Forschungslage in zwei unterschiedliche theoretische Ansätze gliedern: a) der inhaltlich-wissensorientierte Forschungsansatz und b) der kognitiv-strukturalistische Forschungsansatz (Lohaus & Ball, 2006). Auf die unterschiedlichen Implikationen und Perspektiven dieser Ansätze soll im Folgenden genauer eingegangen werden.

Der *inhaltlich-wissensorientierte Ansatz* fokussiert die Informationsverarbeitung und damit verbundene Prozesse. Eine elementare Annahme dieses Ansatzes ist, dass sich die Entwicklung von Konzepten nicht nur auf die reine Wissensanreicherung bezieht, sondern vielmehr ein kontinuierlicher Prozess der Rekonstruierung und Umstrukturierung von bereits bestehenden Konzepten ist (Carey, 1985; Eiser, 1990). Grundlage dieses Prozesses bilden informationsverarbeitungstheoretische Modelle wie die Informationsverarbeitung und die Informationsspeicherung. Die Informationsaufnahme erfolgt durch die Selektion von Informationen in Bezug auf deren Relevanz. Dabei können Personenvariablen, wie eine hohe emotionale Belastung oder ein hohes physiologisches Erregungslevel, zu Beeinträchtigungen in der Informationsaufnahme führen. Derartige Beeinträchtigungen sind im Zusammenhang mit einer Erkrankung nicht unwahrscheinlich, was in der Konsequenz dazu führen kann, dass der Wissensstand in Bezug auf Krankheit oder Gesundheit gering ist und bleibt. Weitere Einflussfaktoren stellen soziale und situative Variablen dar, wie zum Beispiel der Kontext, in dem das Wissen vermittelt wird (Lohaus & Ball, 2006). Im darauffolgenden Prozess der Informationsverarbeitung werden die aufgenommenen Informationen mit bereits vorhandenen verglichen und entsprechend ergänzt, rekonstruiert oder umstrukturiert. Die wesentlichen Wissenselemente werden gespeichert und können wiederkehrend abgerufen werden. Dabei spielen unterschiedliche Gedächtniseinheiten, wie das semantische (*Wissensgedächtnis*) oder episodische (*Erlebnisgedächtnis*) Gedächtnis eine Rolle. Die Wissenselemente des semantischen Gedächtnisses werden in Netzwerken organisiert und dienen der Einordnung gesundheits- und krankheitsbezogener Informationen zum Beispiel durch Bezüge zu Handlungsskripten. Ein mögliches Handlungsskript im Kontext Gesundheit und Krankheit stellt beispielsweise ein Arztbesuch dar. Im episodischen Gedächtnis erfolgt die Informationseinordnung anhand biographischer Erlebnisse, welche spezifische Ereignisse oder Ereignisabfolgen beinhalten. Im Kontext von Krankheits- beziehungsweise Gesundheitswissen könnte ein besonderes Erlebnis während eines Krankenhausaufenthaltes ein solches biographisches Ereignis darstellen (Lohaus & Ball, 2006). Zusammenfassend beschreibt der inhaltlich-wissensorientierte Ansatz in Bezug auf Krankheits- und Gesundheitskonzepte im Kindes- und Jugendalter eine kontinuierliche Wissenszunahme, verbunden mit Umstrukturierungen innerhalb verschiedener Informationsbereiche, was allmählich zu einer Annäherung an den Erwachsenenstatus führt (Carey, 1985; Lohaus & Ball, 2006).

Im Fokus des *kognitiv-strukturalistischen Ansatzes* steht die Annahme, dass Konzepte in Abhängigkeit der allgemeinen kognitiven Entwicklung entstehen. Die Entwicklung von Gesundheits- und Krankheitskonzepten erfolgt demnach parallel beziehungsweise zeitlich kurz nachgeordnet zur allgemeinen kognitiven Entwicklung. Es werden somit aufeinander aufbauende Entwicklungsschritte angenommen. Diese Schritte lassen sich gemäß der allgemeinen kognitiven Entwicklung nach Piaget (Flammer, 2009) in vier Stadien unterteilen: das sensumotorische (0–2 Jahre), das präoperationale (2–6 Jahre), das konkret-operationale (7–11 Jahre) und das formal-operationale (ab 12 Jahren) Entwicklungsstadium. Die erste Stufe, das sensumotorische Entwicklungsstadium, kann jedoch vernachlässigt werden, da in dem Abschnitt der ersten zwei Lebensjahre die Konzeptbildung zu Gesundheit beziehungsweise Krankheit noch kaum erkennbar ist (Lohaus & Ball, 2006). Im zweiten Stadium der präoperationalen Entwicklung ist das Denken des Kindes an unmittelbare Erfahrungen geknüpft, welche ausschließlich aus der eigenen Perspektive wahrgenommen werden. Das logische Denken ist eingeschränkt ausgebildet, da kaum systematische Bezüge zwischen den einzelnen Gegebenheiten hergestellt werden. Bezüglich der Entwicklung von Gesundheits- und Krankheitskonzepten beschränkt sich diese in der Phase ausschließlich auf unmittelbar sichtbare Aspekte, wie erkennbare Symptome oder Krankheitserfahrungen (Lohaus & Ball, 2006; Natapoff, 1982). Des Weiteren können in dieser Phase keine Ursache-Wirkungs-Zusammenhänge hergestellt werden. Außerdem werden Übergänge zwischen Gesundheit und Krankheit unzureichend eingeordnet. Im konkret-operationalen Stadium bleibt das Denken weiterhin an konkrete Erfahrungen geknüpft, Aspekte können jedoch jetzt auch in Zusammenhang gebracht werden. Ein Beispiel für die gewonnene Flexibilität des Denkens in dieser Phase ist die Fähigkeit, zeitliche Abfolgen von Ereignissen zu erkennen oder auch die Fähigkeit, zwischen der eigenen Perspektive und der einer anderen Person zu differenzieren. In Bezug auf Gesundheit und Krankheit erkennen Kinder dieses Entwicklungsstadiums erste Ursache-Wirkungs-Mechanismen, welche zu realistischen Erklärungskonzepten führen. Zudem können durch die Fähigkeit der Perspektivübernahme Gesundheits- und Krankheitserfahrungen anderer verstanden und in eigene Konzepte integriert werden. Des Weiteren ermöglicht das Denken in zeitlichen Abfolgen, Krankheitszustände als Prozess wahrzunehmen. Die formal-operationale Entwicklungsstufe ermöglicht dem Kind komplexe Sachverhalte herzustellen. Das Denken wird abstrakter und hypothetischer, da es sich von konkreten Erfahrungen löst, und wird somit dem der Erwachsenen immer ähnlicher. Die zunehmende Komplexität des Denkens spiegelt sich auch in den Gesundheits- und Krankheitskonzepten wider, welche als multifaktoriell eingeschätzt werden können. Sie werden mit wachsender Abstraktionsfähigkeit im Zusammenhang mit externen, somatischen und psychischen Aspekten betrachtet, was den Kindern ermöglicht, auch Wechselwirkungen der verschiedenen Faktoren zu erkennen und zu verstehen (Lohaus & Ball, 2006).

Abschließend lässt sich festhalten, dass der *kognitiv-strukturalistische Ansatz* in der Entwicklung von Gesundheits- und Krankheitskonzepten im Kindes- und Jugendalter in Forschungsarbeiten deutlich mehr Beachtung findet, da er durch das Stufenmodell eine strukturierte Einordnung der kindlichen Vorstellungen ermöglicht (Ball & Lohaus, 2010; Bibace & Walsh, 1980; Schmidt & Lehmkuhl, 1994). Dies führt jedoch möglicherweise zu »einer unangemessenen Vereinheitlichung von Entwicklungsphänomenen innerhalb der einzelnen Entwicklungsstufen, ohne dass weitere Differenzierungen und Klärungen der Bezüge zwischen einzelnen Entwicklungsphänomenen statt-finden« (Lohaus & Ball, 2006, S. 17). Der *inhaltlich-wissensorientierte Ansatz* hingegen fokussiert einzelne Entwicklungsinhalte stärker, das Fehlen eines übergreifenden Stufenkonzepts erschwert jedoch die strukturierte Einordnung von empirischen Forschungserkenntnissen.

4.2 Psychische Gesundheitskompetenz (Mental Health Literacy)

 Konzepte psychischer Erkrankungen sowie psychische Gesundheitskompetenz werden, in Abgrenzung zu den allgemeinen Krankheitskonzepten, als »Störungskonzepte« und in englischsprachiger Literatur als »Mental Health Literacy« (MHL) betitelt (Ball & Lohaus, 2010; Coles et al., 2016; Jorm, 2000; Jorm et al., 2006; Kutcher et al., 2016; Riebschleger, Grové, Cavanaugh & Costello, 2017).

4.2 Psychische Gesundheitskompetenz (Mental Health Literacy)

Mental Health Literacy bezeichnet das Wissen über psychische Erkrankungen und mögliche dazugehörige Kompetenzen. Die Begrifflichkeit wurde erstmals 1997 von Anthony F. Jorm und Kolleg:innen eingeführt und wird seitdem stetig erweitert und ergänzt (Jorm, 2000; Kutcher et al., 2016; Spiker & Hammer, 2019). Die ursprüngliche Definition nach Jorm et al. (1997) stellt die Kernelemente bis heute zusammenfassend dar: MHL umfasst Wissen und Überzeugungen über psychische Störungen, deren Erkennen, den Umgang beziehungsweise das Management sowie die Prävention (Jorm et al., 1997).

MHL als Konstrukt fügt sich aus mehreren Komponenten zusammen, die die allgemeine Definition von MHL präzisieren (Jorm, 2000), welches in Abbildung 4.1 als Überblick dargestellt wird.

Abb. 4.1: Komponenten von Mental Health Literacy nach Jorm (2000)

Neuere Konzepte berücksichtigen auch andere Aspekte, wie z. B. die Förderung des Verständnisses darüber, wie man psychische Gesundheit erlangt (Konzept der *Positive Mental Health Literacy*; Bjørnsen et al., 2017). Dieser Ansatz beinhaltet auch die Förderung von Fähigkeiten zur Verbesserung der Selbstpflege und des Krankheitsmanagements sowie den Abbau von Vorurteilen im Zusammenhang mit psychischen Störungen (Kutcher et al., 2015). All diese Komponenten werden in der MHL-Definition von Kutcher et al. (2016, S. 2) zusammengefasst:

> »MHL has been defined as: understanding how to obtain and maintain positive mental health, understanding mental disorders and their treatments, decreasing stigma related to mental disorders; and, enhancing help-seeking efficacy (knowing when and where to seek help and developing competencies designed to improve one's mental health care and self-management capabilities).«

Laut Jorm (2019) ist die Wissenskomponente von Mental Health Literacy anwendungsorientiert. Es ist demnach nicht wichtig, sich auf spezialisierte Informationen über psychische Gesundheit und Krankheiten zu konzentrieren, sondern seine Informationen zu nutzen, um diese in praktische Handlungen überzuleiten, um die eigene psychische Gesundheit oder die von anderen zu fördern. Durch die Anwendungsorientierung des Konstrukts, etablierte sich das Themenfeld auch im politischen und allgemeingesellschaftlichen Diskurs, beispielsweise durch internationale Erhebungen oder auch die Durchführung vielfältiger Präventionsprogramme (Jorm, 2015; Reavley et al., 2015). Der Zuwachs an Betrachtung und Bedeutsamkeit des Konzepts von psychischer Gesundheitskompetenz in Forschung und Praxis, führte immer wieder auch zu Erweiterungen und Infragestellen der Definition und des Konstrukts. Beispielsweise steht in der Kritik, ob das Konzept von MHL ein neues, eigenes Konstrukt aufweist oder nicht eigentlich eine Zusammenstellung von bereits bestehenden Konstrukten sei beziehungsweise in der Abgrenzbarkeit zu bereits bestehenden Konstrukten Lücken aufweise (Spiker & Hammer, 2019). Angesichts dessen schlagen beispielsweise Spiker und Hammer (2019) vor, Mental Health Literacy nicht mittels einer Definition zu beschreiben, sondern als Theorie zu verstehen und darin die verschiedenen Konstrukte (z. B. Wissen, Hilfesuche, Einstellungen) aufzuführen. Dies könnte zudem hilfreich sein, um die Erfassung von MHL im Sinne von Wirkungspfaden zwischen verschiedenen Konstrukten empirisch messbar zu machen.

4.2.1 Mental Health Literacy in der empirischen Forschung

Das Forschungsfeld zu Konzepten psychischer Erkrankungen und psychischer Gesundheitskompetenz findet seinen Ursprung in der Erforschung von allgemeinen Gesundheits- und Krankheitskonzepten, bildet jedoch mittlerweile einen eigenständigen Forschungsbereich (Kutcher, Bagnell & Wei, 2015). Anknüpfend an die Darstellung in Kapitel 4.2, hinsichtlich der definitorischen Kontroversität des Konstrukts, zeigt sich in der empirischen Forschung auch in Bezug auf die Operationalisierung die Schwierigkeit Mental Health Literacy in all seinen Dimensionen vollständig und einheitlich zu erfassen. Zur Verdeutlichung sollen an dieser Stelle einige Studien-Beispiele aus der Forschung vorgestellt werden.

Die Mehrzahl der Studien zu MHL konzentriert sich auf die Bewertung von krankheitsspezifischem deklarativem Wissen (*knowing what*). So wird in der Regel das Wissen über psychische Störungen wie deren Terminologie, Risikofaktoren oder Prognose oder das Erkennen einer Diagnose erhoben. Die Mehrheit dieser Studien basiert auf sogenannten Fallvignetten oder strukturierten Fragebögen im Multiple-Choice- oder Likert-Skala-Format, was bedeutet, dass man aus mehreren vorgegebenen Antworten auswählen kann (Baumeister, Mantell & Woopen, 2021). Genutzte Fallvignetten in empirischen Studien beschreiben zumeist eine Person, deren Symptome den diagnostischen Kriterien einer spezifischen psychischen Erkrankung entsprechen. Die Vignette enthält eine Reihe von Fragen, die suggerieren, dass etwas mit der beschriebenen Person *nicht stimmt* und diese möglicherweise Hilfe benötigt. Zunehmend werden auch standardisierte, vignettenunabhängige Fragebögen verwendet, um Informationen zu krankheitsspezifischen Themen zu sammeln (Baumeister, Mantell & Woopen, 2022). Als Beispiele sind hier die Literacy of Suicide Scale (LOSS) oder der Depression Literacy Questionnaire (Griffiths et al., 2004) zu nennen. Neben den Verfahren zur Erfassung der Wissenskomponente werden auch Instrumente verwendet, um Einstellungen zu bestimmten Hilfsangeboten oder

Absichten zur Inanspruchnahme dieser Angebote zu erfassen. Des Weiteren werden in diesem Forschungsbereich Selbst- und Fremdstigmatisierung mit zusätzlichen, für sich stehenden Instrumenten erhoben (Wei et al., 2018).

In Untersuchungen mit Jugendlichen und jungen Erwachsenen konnte der Zusammenhang zwischen der Fähigkeit, eine beschriebene psychische Erkrankung richtig zu erkennen, und einer positiveren Einstellung gegenüber der Inanspruchnahme von professioneller Behandlung gezeigt werden (Gorczynski et al., 2017; Cheng et al., 2018). Dieser Beispiel-Befund verdeutlicht, dass die Facetten von Mental Health Literacy in einem Zusammenhang zueinanderstehen, was es wiederum erschwert, das Konstrukt im Kern zu operationalisieren. Betrachtet man die Operationalisierung von MHL in Interventionsstudien, zeigen sich auch hier verschiedene Ansätze. Auf der einen Seite wird MHL als das richtige Erkennen von psychischen Diagnosen operationalisiert (z. B. Cheng et al., 2018; Wright et al., 2007), auf der anderen Seite werden Wissensaspekte und Einstellungen zugleich erfasst (z. B. The Mental Health Literacy Scale (MHLS), O'Connor & Casey, 2015). Es zeigt sich also eine bestehende Uneinheitlichkeit in der Operationalisierung von Mental Health Literacy.

4.2.2 Mental Health Literacy im Kindes- und Jugendalter

Psychische Gesundheitskompetenz (Mental Health Literacy) im Kindes- und Jugendalter entwickelt sich durch das Wahrnehmen und Auffassen von äußeren Umständen und Bewertungen dieser sowie dem eigenen Erleben. Psychische Gesundheitskompetenz kann aufgrund von eigenen psychischen Auffälligkeiten entstehen oder im Umgang mit anderen betroffenen Kindern, Jugendlichen oder Erwachsenen (Dollinger, Thelen & Walsh, 1980). Eine dazugehörige Studie von Dollinger et al. (1980), die Kinder und Jugendliche in ihrer Untersuchung bat, Probleme aufzulisten, die psychotherapeutische Hilfe erfordern, schließt an die Frage nach den inhaltlichen Kriterien der Konzeptbildung an. Die Auswertung ergab eine Einteilung der genannten Probleme in fünf Bereiche:

- internale Problematiken (Gedanken und Gefühle betreffend),
- externale Problematiken (offen sichtbares Handeln betreffend, z. B. Kriminalität),
- soziale Problematiken (Schwierigkeiten in sozialen Interaktionen),
- allgemeine Etikettierungsbegriffe (enge Umschreibungen eines spezifischen Problems, z. B. Neurose) und
- eine Restkategorie (Problembereiche, die keiner der ersten Kategorien zugeordnet werden konnten).

Die Autor:innen konkludierten, dass die Störungskonzepte mit zunehmendem Alter abstrakter werden, zum Beispiel vermehrt Gedanken und Gefühle miteinschließen und nicht nur aufgrund sichtbarer Verhaltensweisen ausgebildet werden. Die Konzeptualisierung anhand äußerer Merkmale nimmt demnach mit steigendem Alter ab und stützt sich im Verlauf späterer Entwicklungsstadien zunehmend auf Kognitionen und Emotionen. Daraus lässt sich für die inhaltliche Konzeptbildung schließen, dass sowohl äußere Merkmale im jüngeren Alter als auch dazugehörige Kognitionen und Emotionen im Jugendalter bei der Bildung von Störungskonzepten eine entscheidende Rolle spielen (Desocio, Stember & Schrinsky, 2006). Diese Erkenntnisse ähneln den Befunden somatischer Krankheitskonzepte, sodass sich diese auf die Konzeptbildung psychischer Erkrankungen weitestgehend übertragen lassen (Lohaus & Ball, 2006).

Betrachtet man das Forschungsfeld spezifisch zum Wissen über psychische Erkrankungen im Kindes- und Jugendalter, finden sich unter den wenigen Forschungsarbeiten zumeist Studien, die methodisch mit Interviews oder Fallvignetten arbeiten. Ergebnisse weisen darauf hin, dass Kinder und Jugendliche die Fähigkeit haben, zwischen psychischer Auffälligkeit und Unauffälligkeit zu unterscheiden, jedoch nicht zwischen einzelnen Problembereichen differenzieren können (Coie & Pennington, 1976; Farrer, Leach, Griffiths, Christensen & Jorm, 2008; Marshall & Dunstan, 2013; Roberts, Beidleman & Wurtele, 1981). Tully et al. (2019) schlussfolgern in ihrem Artikel, dass auch hinsichtlich psychischer Erkrankungen im Allgemeinen im Kindes- und Jugendalter und dazugehöriger psychischer Gesundheitskompetenz, Wissenslücken bestehen. Betrachtet man Ergebnisse weiterer Studien, die Störungswissen zu spezifischen Diagnosen erfragten, berichten die Autor:innen auch hier von bestehenden Wissenslücken bei Kindern und Jugendlichen (Bale, Grové & Costello, 2018; Loureiro et al., 2013).

In Bezug auf psychische Gesundheitskompetenz sollten nicht nur mögliche Wissenslücken oder altersspezifische Unterschiede in Betracht gezogen werden, sondern auch kulturspezifische Aspekte beachtet werden. Dabei ist sowohl in der Erfassung von MHL als auch in der Förderung von psychischer Gesundheitskompetenz darauf Rücksicht zu nehmen, wie die Konzepte (psychische) Gesundheit und Krankheit verstanden werden (van der Meer, Durlach, Szota & Christiansen, 2023).

Mental Health Literacy findet also bei jungen Menschen mit psychischen Belastungen und Erkrankungen sowie den dazugehörigen Symptomen und Auswirkungen Anwendung. Dies gilt allerdings nicht nur dann, wenn Kinder und Jugendliche selbst von einer Reihe von Problemen, Anforderungen und Belastungen betroffen sind, die sich in einer psychischen Erkrankung manifestieren, sondern auch dann, wenn psychische Belastungen und Erkrankungen als beobachtbare Phänomene in verschiedenen sozialen und medialen Kontexten auftreten (Storm, 2019).

> **Überprüfung der Lernziele**
>
> - Was ist der Unterschied zwischen Health Literacy und Mental Health Literacy?
> - Nennen Sie die Dimensionen von Mental Health Literacy nach Jorm.
> - Was sind Besonderheiten der psychischen Gesundheitskompetenz bei Kindern und Jugendlichen?
> - Nennen Sie Beispiele zur Messung von Mental Health Literacy.

Weiterführende Literatur

Burns, J. R., & Rapee, R. M. (2006). Adolescent mental health literacy: Young people's knowledge of depression and help seeking. Journal of Adolescence, 29(2), 225–239. https://doi.org/10.1016/j.adolescence.2005.05.004
Renwick, L., Pedley, R., Johnson, I., Bell, V., Lovell, K., Bee, P., & Brooks, H. (2024). Mental health literacy in children and adolescents in low-and middle-income countries: a mixed studies systematic review and narrative synthesis. European child & adolescent psychiatry, 33(4), 961–985.

5 Interventionen zur Stärkung psychischer Gesundheitskompetenz

Lernziele

- Sie kennen verschiedene Ansätze zur Förderung psychischer Gesundheitskompetenz.
- Sie kennen die Besonderheiten und Charakteristiken verschiedener Interventionen zur Förderung psychischer Gesundheitskompetenz.
- Sie wissen um die Wirksamkeit von Interventionen zur Förderung von psychischer Gesundheitskompetenz.

In diesem Kapitel werden Interventionen betrachtet, die sich gezielt der Förderung von psychischer Gesundheitskompetenz (Mental Health Literacy, MHL) widmen. Ebenso werden Interventionen vorgestellt, die sich mit der Bewältigung von Stigmatisierung und den Einstellungen gegenüber Hilfesuchenden auseinandersetzen. In den nachfolgenden Unterkapiteln werden verschiedene Kontexte, in denen Interventionen stattfinden, vorgestellt.

5.1 Ansätze zur Förderung psychischer Gesundheitskompetenz

Im Bereich der Interventionen zur Förderung von psychischer Gesundheitskompetenz lassen sich im Allgemeinen zwei Umsetzungsformen identifizieren: psychoedukative Ansätze und Kontaktinterventionen. Psychoedukative Ansätze haben das Ziel, Wissen im Bereich psychischer Gesundheit zu vermitteln. Kontaktinterventionen hingegen legen den Fokus darauf, dass Menschen mit psychischen Erkrankungen ihre Erfahrungen darüber teilen und positive Modelle zur Überwindung oder Bewältigung der psychischen Erkrankung darstellen, was zudem auch auf die Entkräftung von Vorurteilen und die Reduktion von Stigmata abzielen soll. Die meisten Interventionen sind auf der Grundlage des psychoedukativen Ansatzes aufgebaut (Patafio et al., 2021). In einer aktuellen Übersichtsarbeit von Marinucci et al. (2023) konnte herausgestellt werden, welche inhaltlichen Themenschwerpunkte in Interventionen im Fokus stehen (▶ Abb. 5.1). Inhaltlich lassen sich hier Ähnlichkeiten zu den Komponenten von Mental Health Literacy nach Jorm (▶ Kap. 4) erkennen.

Auch hinsichtlich der methodischen Ausgestaltung zeigen sich verschiedene Ansätze. Die meisten Interventionen nutzen Präsentationen, moderierte Gruppendiskussionen, Rollenspiele oder Übungen. In der Durchführung von psychoedukativen Interventionen steht zwar die Wissensvermittlung im Fokus, allerdings bieten interaktive Elemente die Möglichkeit einer Perspektivübernahme. Dabei können zum Beispiel auch die Förderung von Empathie fokussiert sowie Stigmatisierungseinstellungen adressiert und minimiert werden.

5.1.1 Aufklärungsprogramme und Kampagnen

Aufklärungsprogramme und Kampagnen stellen einen Schlüsselaspekt in der Förderung von Mental Health Literacy dar (Livingston et al., 2013). Öffentlichkeitskampagnen spielen eine entscheidende Rolle bei der Verringerung von Stigmatisierung und der Erhöhung des Verständnisses für psychische Krankheit und Gesundheit. Über verschiedene Medienkanäle wie Fernsehen, Radio, soziale Medien und Veranstaltungen vermitteln solche Kampagnen Informationen über psychische Erkrankungen, ihre Verbreitung und die Bedeutung der Suche nach Hilfe. Das Ziel ist es, einen offenen Dialog zu schaffen und eine Umgebung zu fördern, in der Menschen sich wohl fühlen, über ihre psychischen Probleme zu sprechen.

Als Beispiele können an dieser Stelle die Programme *teen Mental Health First Aid* (Hart et al., 2016) als international verbreitete und *Verrückt – Na und?* (Schulze et al., 2003) als eine in Deutschland auf nationaler Ebene durchgeführte Intervention genannt werden.

Teen Mental Health First Aid basiert auf dem in Australien verbreiteten *Mental Health First Aid*-Programm für Erwachsene. Die Intervention beinhaltet drei Unterrichtseinheiten und wird von einer speziell hierfür ausgebildeten Person durchgeführt. Das Programm hat die Ziele, die Strategien zur Hilfe von Gleichaltrigen mit psychischen Problemen zu verbessern, Mental Health Literacy zu erhöhen und stigmatisierende Einstellungen zu verringern. Die Methodik ist vielseitig, es werden verschiedene Materialien verwendet, darunter Präsentationen, Videos, Rollenspiele und Gruppendiskussionen. Ergebnisse aus Evaluationsstudien zeigen, dass *teen Mental Health First Aid* zumindest kurzfristig eine positive Wirkung auf MHL hat und stigmatisierende Einstellungen verringert. Über langfristige Effekte liegen bisher noch keine Befunde vor.

Verrückt – Na und? Ist ein Interventionsprogramm für Kinder und Jugendliche. Das Hauptmerkmal dieses Programms besteht darin, dass es von einer Person begleitet wird, welche von einer psychischen Erkrankung betroffen ist oder betroffen war. Durch den persönlichen Kontakt können stigmatisierende Einstellungen der Kinder und Jugendlichen hinterfragt und korrigiert werden. Die Intervention hat nicht nur zum Ziel, Stigmatisierung psychischer Erkrankungen zu reduzieren, sondern auch die Vermittlung von Informationen über psychische Erkrankungen und Hilfsmöglichkeiten. Eine Untersuchung zur Wirksamkeit zeigt auch hier kurzfristige Effekte, die sich in einer positiven Veränderung mit Blick auf die Ein-

5 Interventionen zur Stärkung psychischer Gesundheitskompetenz

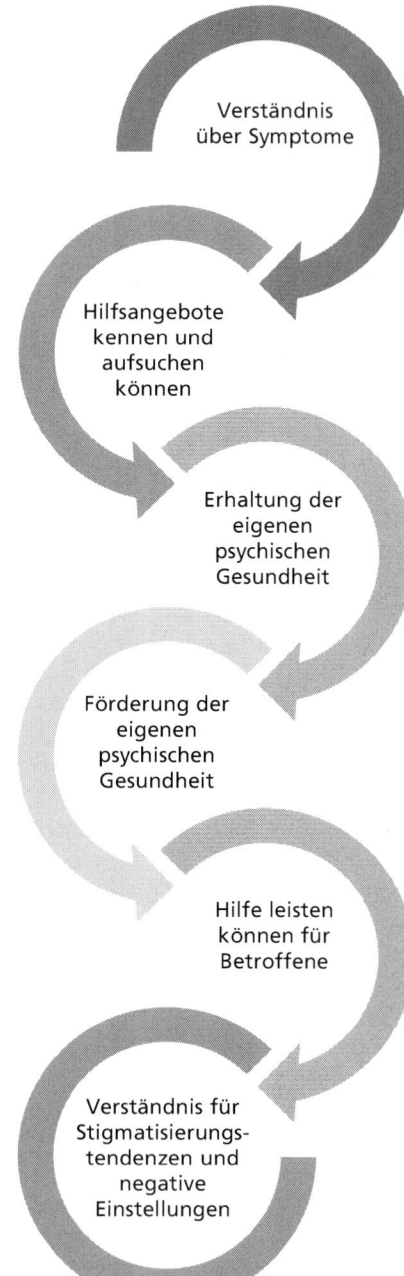

Abb. 5.1: Inhalte von MHL-Interventionen (nach Marinucci et al., 2022)

stellungen der Kinder und Jugendlichen zur Hilfesuche abbilden, langfristige Effekte zeigen sich allerdings nicht.

5.1.2 Interventionen im schulischen Kontext

Die meisten Interventionen finden im schulischen Setting statt. Betrachtet man Übersichtsarbeiten zu Interventionen, zeigt sich, dass zwischen 76% und 84% der Interventionen im Setting Schule zu finden sind (Frețian et al., 2021; Patafio et al., 2021). Die Integration von Bildung über psychische Gesundheit in den Schulunterricht gewährleistet, dass junge Menschen bereits frühzeitig Informationen über psychische Gesundheit erhalten. Diese Integration hilft nicht nur, Stigmatisierung zu reduzieren, sondern vermittelt den Schülern und Schülerinnen auch Strategien, um ihre eigene psychische Gesundheit zu verstehen, aufrechtzuerhalten oder zu fördern und ihre Mitschüler:innen zu unterstützen. Eine Studie zur Evaluation eines Interventionsprogramms mit 251 Schülern und Schülerinnen in Deutschland konnte eine signifikante Verbesserung in den MHL-Dimensionen Wissen, Einstellungen und Hilfesuchverhalten bei den Schüler:innen in der Interventionsgruppe im Vergleich zur Kontrollgruppe zeigen. Als weiteres Ergebnis zeigte sich, dass die Intervention von den Schüler:innen sehr positiv aufgenommen wurde, was auf eine hohe Akzeptanz schließen lässt (Kirchhoff, Fretian & Okan, 2023).

In der Regel werden die Interventionen von Lehrkräften oder externen Fachkräften aus dem Bereich psychischer Gesundheit durchgeführt. Wenn eine schulinterne Kraft eine Intervention durchführt und sich entsprechend ausbildet, hat dies den Vorteil, dass diese Expertise auch im regulären Schulalltag eingesetzt werden kann. Im Kontext Schule können Lehrkräfte in Bezug auf MHL auch die Rolle als *Lotse* einnehmen und Schüler und Schülerinnen in das Versorgungssystem zu übermitteln. Damit soll nicht gemeint sein, dass Lehrkräfte eine Diagnose stellen, sondern vielmehr, dass der tägliche Kontakt mit den Schülern und Schülerinnen ermöglicht, Auffälligkeiten oder Verhaltensänderungen wahrzunehmen und auf Hilfsangebote hinzuweisen (Bruland et al., 2017; Franklin et al., 2012).

In Kanada wurde daran angelehnt eine Fortbildung namens *Go-To Educator* für Personen im Schulumfeld (Lehrkräfte, Schulsozialarbeiter:innen, Schulleiter:innen usw.) entwickelt und evaluiert. Ziel dieser Fortbildung ist es, Ansprechpartner:innen im Schulumfeld in der Identifikation von psychischen Belastungen auszubilden und sich in dem Thema psychische Gesundheit bzw. Krankheit sicherer zu fühlen. Dabei soll sowohl das Wissen über psychische Erkrankungen als auch eine offene Haltung gefördert werden (Wei & Kutcher, 2014).

Kutcher et al. (2016) schlagen vor, dass MHL-Interventionen in den gesamtschulischen Kontext integriert werden sollten, was das Potential bieten würde, nicht nur die MHL der Schüler und Schülerinnen in ausgewählten Projekten zu fördern, sondern durch die Präsenz des Themengebiets in verschiedenen Kontexten (als Unterrichtsinhalte, Projekttage etc.) die Sensibilität für das Thema psychische Gesundheit zu stärken.

Das Bildungssystem bietet verschiedene Ansatzpunkte für eine (nachhaltige) Förderung von MHL. Schulbezogene Interventionen können bereits im jungen Alter dazu beitragen, den Umgang mit psychischen Erkrankungen positiv zu beeinflussen, sodass beispielsweise die frühzeitige Inanspruchnahme von professionellen Hilfen im Jugendalter gestärkt und dadurch möglichen Chronifizierungsprozessen vorgebeugt wird.

Dabei sollte MHL nicht ausschließlich als individuelle Ressource, sondern auch als soziale Ressource verstanden werden. Gerade im Kontext Schule ist dem Kontakt zu Gleichaltrigen (Freund:innen, Mitschüler:innen, Peer-Group) eine besondere Rolle zuzuschreiben. So kann psychische Gesundheitskompetenz dazu beitragen, Symptome zu thematisieren, betroffenen Personen Unterstützung anzubieten und diese auf (professionelle) Hilfesysteme aufmerksam zu machen. Laut einer Studie von Radez et al. (2021) bietet das Vorhandensein von niederschwelligen Beratungs- und Therapieangeboten im Kontext Schule einen Vorteil für eine gelingende Versorgung psychisch belasteter Kinder und Jugendlicher. Hierbei können Kooperationen eine Möglichkeit bieten, eine frühzeitige Vermittlung von jungen Menschen bereits in der Entwicklung einer psychischen Erkrankung zu ermöglichen.

5.1.3 Digitale Interventionen und Medien

Digitale Interventionen bieten die Möglichkeit, eine breite Öffentlichkeit zu erreichen. Online-Plattformen und Apps für psychische Gesundheit bieten leicht zugängliche Informationen, Selbstbewertungstools und Ressourcen für Personen, die ihre psychische Gesundheitskompetenz verbessern möchten. Im Bereich der MHL-Forschung werden webbasierte oder so genannte E-Health-Interventionen zunehmend verwendet, da sie mit einigen praktischen Vorteilen verbunden sind: Die Interventionen sind kostengünstig, schnell verfügbar und können viele Menschen gleichzeitig erreichen. Des Weiteren müssen Betroffene keinen persönlichen Kontakt zu Therapeut:innen und anderen Hilfspersonen aufnehmen (Tay et al., 2018). Digitale Elemente bieten zudem den Vorteil, dass sie der Präferenz vieler junger Menschen entsprechen, sowohl im Sinne der Informationssuche über digitale Medien als auch hinsichtlich des niederschwelligen Zugangs zu Hilfsmöglichkeiten (z. B. in Form von anonymen Chats oder Frageforen). Vor allem die Eigenständigkeit und Diskretion bei der Hilfesuche sind dahingehend von entscheidender Bedeutung (Clark et al., 2018; Radez et al., 2021).

Wie auch im realen Setting, lassen sich digitale Programme zu MHL in psychoedukative Interventionen oder Kontaktinterventionen unterteilen. Die meisten Interventionen basieren auf Informations- und Kommunikationstechnologien, die Herangehensweisen sind dabei allerdings unterschiedlich. Einerseits gibt es Programme, bei denen sich die Teilnehmenden ausschließlich Präsentationen oder Videos anschauen, andererseits bieten Programme auch interaktive Elemente, wie beispielsweise Rollenspiele. Vor allem so genannte Kontaktvideos (persönliche Erfahrungsberichte von Menschen mit psychischen Erkrankungen) können einen positiven Einfluss auf stigmatisierende Einstellungen haben (Corrigan et al., 2007).

In einer Übersichtsarbeit von Brijnath et al. (2016) wurden 14 verschiedene webbasierte Interventionen analysiert. Die Ergebnisse zeigen, dass Interventionen hinsichtlich einer Verbesserung von MHL vor allem dann wirksam sind, wenn interaktive Elemente integriert sind. Damit gemeint sind Interventionen, die die Teilnehmenden strukturiert und schrittweise durch das Programm führen, sich an eine spezielle Zielgruppe richten und evidenzbasierte Inhalte mittels Erfahrungslernen vermitteln.

Zusammenfassend bieten digitale Interventionen (Apps, Websites etc.) und auch Medien (Fernsehen, soziale Netzwerke, Serien, Filme etc.) ein großes Potential, den gesamtgesellschaftlichen Umgang mit psychischen Erkrankungen positiv zu beeinflussen und als Multiplikator von Inhalten zu MHL zu dienen. Andererseits birgt dies auch das Risiko, dass Informationen missverständlich oder fachlich unzureichend dargestellt werden oder mögliche Stigmatisierungseinstellungen durch eine negative mediale Darstellung von Menschen mit einer psychischen Erkrankung begünstigt werden.

5.1.4 Ansätze in der Psychotherapie

Die Förderung von psychischer Gesundheitskompetenz in der Psychotherapie spielt eine entscheidende Rolle bei der Unterstützung von Patient:innen auf ihrem Weg zu einem besseren Verständnis ihrer eigenen psychischen Gesundheit. Der Aufbau beziehungsweise die Erweiterung von psychischer Gesundheitskompetenz kann bei Patient:innen ein Gefühl der Beeinflussbarkeit bezüglich der Erkrankung entwickeln, welches unter anderem die Therapiemotivation steigern und damit zu einer höheren Bereitschaft (Compliance) führen kann (Mühlig & Jacobi, 2011).

Ein Beispiel sind psychoedukative Interventionen. Der Begriff der Psychoedukation wird international unterschiedlich interpretiert und dementsprechend vielseitig angewendet. Der Begriff der Psychoedukation im Allgemeinen beschreibt eine umfassende Aufklärung der Betroffenen bezüglich ihrer psychischen Erkrankung (Behrendt & Krischke, 2005). Eine Arbeitsgruppe der deutschen Gesellschaft für Psychoedukation (DGPE) definiert *Psychoedukation* wie folgt:

> »Unter dem Begriff der Psychoedukation werden systematische didaktisch-psychotherapeutische Interventionen zusammengefasst, die dazu geeignet sind, Patienten und ihre Angehörigen über die Krankheit und ihre Behandlung zu informieren, das Krankheitsverständnis und den selbstverantwortlichen Umgang mit der Krankheit zu fördern und sie bei der Krankheitsbewältigung zu unterstützen. [...] Im Rahmen einer Psychotherapie bezeichnet Psychoedukation denjenigen Bestandteil der Behandlung, bei dem die aktive Informationsvermittlung, der Austausch von Informationen unter den Betroffenen und die Behandlung allgemeiner Krankheitsaspekte im Vordergrund stehen« (Bäuml, Pitschel-Walz, Bechdolf, Bergmann & Buchkremer, o. S., 2008).

Psychoedukation als Intervention kann sowohl kurze Einzelinterventionen als auch längerfristige Gruppen- oder Familieninterventionen umfassen. Es ist von Bedeutung, dass Betroffene durch gezielte Wissensvermittlung dazu ermutigt werden, ihre Erkrankung besser zu bewältigen und aktiv am Behandlungsprozess teilzunehmen. Psychoedukative Programme umfassen die Vermittlung von krankheitsspezifischem Wissen über Risikofaktoren, Symptome und Behandlungsansätze sowie die Förderung von bestimmtem krankheitsspezifischem Verhalten (z. B. Umgang mit Krankheitsrückfällen) oder die Beeinflussung dysfunktionaler Überzeugungen. Sie berücksichtigen Aspekte von MHL, indem sie sowohl krankheitsspezifisches Wissen, Überzeugungen und Einstellungen als auch die Förderung der Informationsverarbeitung berücksichtigen (Xu et al., 2018).

In der Psychotherapie kann Psychoedukation als Basis in die Sitzungsgestaltung integriert werden. Dies beinhaltet die Bereitstellung von Informationen über verschiedene psychische Gesundheitszustände, deren Symptome und mögliche Behandlungsoptionen. Durch die Vermittlung von Wissen können Therapeut:innen ihren Patient:innen helfen, ihre eigenen Erfahrungen besser zu verstehen und den Kontext ihrer psychischen Gesundheit zu erfassen.

Die Integration verschiedener Ansätze in die psychotherapeutische Praxis, welche an dieser Stelle als Erweiterung neben dem Element der Psychoedukation kurz vorgestellt werden sollen, kann dazu beitragen, dass Patient:innen nicht nur Symptome bewältigen, sondern auch ihre psychische Gesundheitskompetenz verbessern können, was zu langfristigem Wohlbefinden, Resilienz und einer nachhaltigen psychischen Gesundheit führen kann.

Ressourcenvermittlung: Therapeut:innen können Ressourcen für weiterführende Informationen anbieten. Dies könnte die Empfehlung von Büchern, Artikeln, Online-Ressourcen oder Unterstützungsgruppen sein. Der Zugang zu qualitativ hochwertigen Informationen trägt dazu bei, dass Patient:innen besser informierte Entscheidungen über ihre psychische Gesundheit treffen können.

Förderung von Selbstmanagementfähigkeiten: Die Psychotherapie bietet eine Plattform, um Selbstmanagementfähigkeiten zu fördern. Therapeut:innen können mit ihren Patient:innen daran arbeiten, Strategien zur Stressbewältigung, Emotionsregulation und Konfliktlösung zu entwickeln. Die Befähigung von Patient:innen, ihre psychische Gesundheit aktiv zu gestalten, trägt zur langfristigen Stabilität bei.

Kollaborative Zielsetzung: Therapeut:innen können gemeinsam mit ihren Patient:innen klare Ziele für die Therapie festlegen, die nicht nur auf die Linderung von Symptomen abzielen, sondern auch auf die Förderung von psychischer Gesundheitskompetenz. Dies könnte die Entwicklung von Fähigkeiten zur Selbstreflexion, zur Achtsamkeit und zum Umgang mit belastenden Situationen beinhalten.

Stärkung der Therapieallianz: Eine starke Therapieallianz ist entscheidend für den Erfolg der psychotherapeutischen Interventionen. Therapeut:innen können einen sicheren Raum schaffen, in dem Patient:innen offen über ihre Erfahrungen und Bedenken sprechen können. Die Förderung einer vertrauensvollen Beziehung erleichtert den Austausch von Informationen und unterstützt die Entwicklung von psychischer Gesundheitskompetenz.

Integration von Achtsamkeit und Selbstreflexion: Die Integration von Achtsamkeitselementen in die Psychotherapie kann dazu beitragen, dass Patient:innen sich stärker mit ihrem eigenen emotionalen Erleben auseinandersetzen. Dies fördert nicht nur das Bewusstsein für den gegenwärtigen Moment, sondern unterstützt auch die Fähigkeit zur Selbstreflexion und zum Verständnis der eigenen psychischen Gesundheit.

Kontinuierliche Evaluation und Feedback: Therapeut:innen können regelmäßige Evaluations- und Feedbackschleifen einbauen, um sicherzustellen, dass die Patient:innen die Informationen und Fähigkeiten, die sie während der Therapie erwerben, verstehen und anwenden können. Dies ermöglicht eine Anpassung der therapeutischen Ansätze entsprechend der Bedürfnisse und Fortschritte der Patient:innen.

5.2 Wirksamkeit von Interventionen zur Förderung psychischer Gesundheitskompetenz

Die Förderung von MHL ist auf verschiedenen Ebenen möglich, notwendig und vielversprechend, wenn es darum geht, die psychische Gesundheit der Gesamtbevölkerung langfristig positiv zu beeinflussen. Die Verbesserung der psychischen Gesundheitskompetenz erfordert einen facettenreichen Ansatz, der verschiedene Aspekte des Lebens von Individuen und Gemeinschaften anspricht. Durch die Umsetzung dieser Maßnahmen kann verstärkt zusammengearbeitet werden, eine Gesellschaft zu schaffen, die gut informiert, verständnisvoll und unterstützend für psychische Gesundheit ist und letztendlich zum allgemeinen Wohlbefinden von Individuen und Gemeinschaften beiträgt.

In der Beurteilung von Wirksamkeit verschiedener Interventionen, ergibt sich die Schwierigkeit daraus, wie MHL erfasst bzw. gemessen wird (▶ Kap. 4). Betrachtet man Übersichtsarbeiten zur Effektivität von MHL-Interventionen im Kindes- und Jugendalter, zeigt sich, dass MHL häufig nicht ganzheitlich erfasst wird. In einer Übersichtsarbeit aus dem Jahr 2020 (Seedaket et al., 2020) konnte zwar gezeigt werden, dass vier von sieben Studien zu Interventionen MHL in allen Dimensionen abbildeten. Eine Arbeit von Patafio et al. (2021) ergab, dass nur in 17 % der Studien MHL umfassend erhoben wurde.

In einer weiteren Übersichtsarbeit wurde eine Analyse zur Effektivität von Interventionen auf einzelne Dimensionen von MHL durchgeführt, darunter Wissen, stigmatisierende Einstellungen und soziale Distanz. Die Ergebnisse zeigen, dass die in die Untersuchung einbezogenen MHL-Interventionen eine mittlere Effektgröße im Wissensbereich und eine geringe Effektgröße im Bereich der stigmatisierenden Einstellungen erzielten. Diese Verbesserungen blieben auch bei einer Follow-up-Erhebung nach fünf Monaten erhalten. Die unterschiedlichen Effektgrößen je nach gemessener MHL-Dimension bestätigen auch die Ergebnisse von Patafio et al. (2021). Die Autoren fügen hinzu, dass die Effektivität nicht nur aufgrund gemessener Ergebnisse variiert, sondern auch abhängig vom Setting und der Qualität der Studie ist (Patafio et al., 2021).

Betrachtet man die Facette *Wissen* von MHL, erwies sich die Kombination von psychoedukativen und Kontaktelementen als weniger effektiv. Im Gesamtbild zeigt sich aber, dass beide Interventionsmodalitäten trotzdem insgesamt signifikante Verbesserungen erzielten (Frețian et al., 2021). In verschiedenen weiteren Studien wurde die Wirksamkeit von Kontaktinterventionen und psychoedukativen Interventionen direkt miteinander verglichen. Während bei Erwachsenen Kontaktinterventionen zu einer stärkeren Verringerung der stigmatisierenden Einstellungen als psychoedukative Interventionen führten, war es bei Jugendlichen umgekehrt. Auch wenn beide Arten von Interventionen zu Verbesserungen führten, haben die edukativen Interventionen im jungen Alter die größeren Auswirkungen (Corrigan et al., 2012). Eine aktuellere Studie, die junge Menschen berücksichtigte, zeigte jedoch, dass beide Arten von Interventionen ähnliche Effekte auf den Abbau von Stigmata erzielten (Fretian et al., 2021). Es konnte zudem gezeigt werden, dass Kontaktinterventionen weniger effektiv als rein edukative Maßnahmen sind, wenn die Wissensdimension von MHL als Zielgröße betrachtet wird.

Für die Umsetzung und Beurteilung von schulbasierten Programmen bietet die Übersichtsarbeit von Marinucci et al. (2022) Indikatoren und Empfehlungen zur Gestaltung und Evaluation schulischer Maßnahmen zur Förderung der psychischen Gesundheitskompetenz (▶ Abb. 5.2). Auch Allen et al. (2021) formulierten Qualitätskriterien für Schulinterventionen, die zum Beispiel die Implementation adressieren.

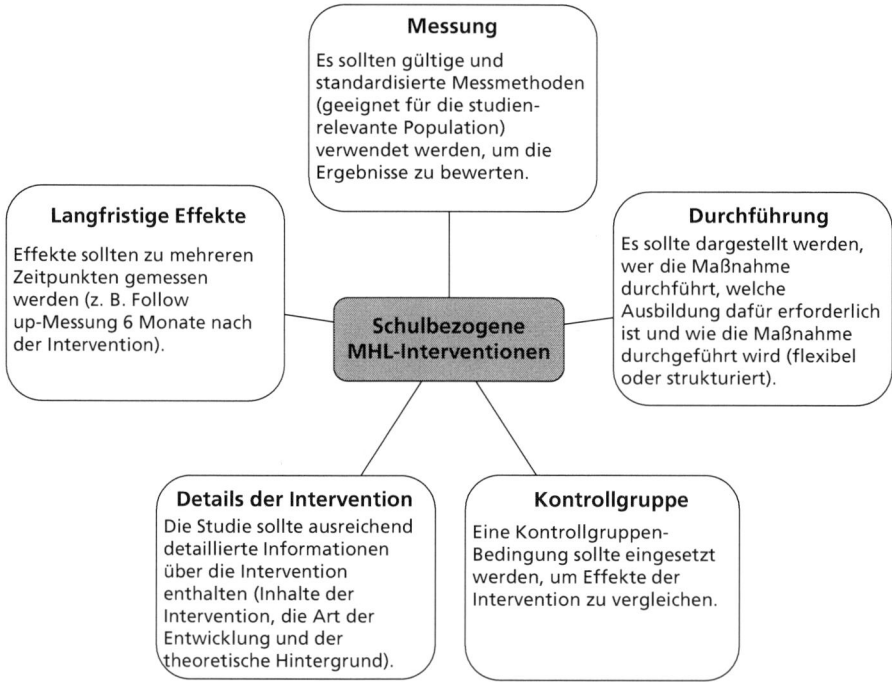

Abb. 5.2: Indikatoren und Empfehlungen für wirksame schulische Maßnahmen zur Förderung der psychischen Gesundheitskompetenz (nach Marinucci et al., 2022)

All die genannten Übersichtsarbeiten betrachten auch die Qualität der einzelnen eingeschlossenen Studien. Als zentrale Limitation wird die kurze Zeitspanne hinsichtlich der Follow-up-Erhebungen kritisch hervorgehoben. Als weitere Einschränkung in der Qualität zeigt sich, dass viele Studien keine Kontrollgruppe berücksichtigen, was die Beurteilung der Effektivität einer Intervention einschränkt. Betrachtet man die Studien hinsichtlich ihrer Ergebnisse mit und ohne Kontrollgruppen-Bedingung, zeigt sich, dass in den Facetten Wissen und Stigma von MHL keine maßgeblichen Unterschiede in der Effektivität bestehen. Unterschiede zeigen sich jedoch in der MHL-Dimension Hilfesuche, deren Ergebnisse in Studien ohne die Bedingung einer Kontrollgruppe besser ausfallen (Fretian et al., 2021; Marinucci et al., 2022; Patafio et al., 2021).

Zusammenfassend lässt sich festhalten, dass die bestehenden Interventionen zu MHL, insbesondere im Hinblick auf die Wissensdimension, vielversprechende Effekte zeigen. Gleichzeitig wird deutlich, dass weitere Forschung zur Wirksamkeit, insbesondere durch Vergleichsstudien, notwendig ist, um genau zu bestimmen, welche Formen und Inhalte von Interventionen die verschiedenen Dimensionen der psychischen Gesundheitskompetenz ansprechen und Verbesserungen bewirken können.

Es wäre zudem wünschenswert, dass Betroffene gezielt in die Entwicklung und Umsetzung von Interventionen im Sinne eines partizipativen Ansatzes einbezogen werden. In Zukunft wird es notwendig sein, nicht nur Längsschnittstudien durchzuführen, sondern auch änderungssensitive Messinstrumente zu entwickeln, die für die Bewertung von Interventionen zur Förderung der psychischen Gesundheitskompetenz in diesem Kontext geeignet sind. Die nachhaltige Förderung der Gesundheitskompetenz von Betroffenen erfordert, wie auch in anderen Anwendungsbereichen, die Einrichtung einer gesundheitsförderlichen und gesundheitskompetenten Umgebung. Diese Umgebung soll den Zugang zu qualitativ hochwertigen Informationen erleichtern und selbstbestimmte Entscheidungen bezüglich des Umgangs mit psychischer Gesundheit ermöglichen (Baumeister, Mantell & Woopen, 2021).

Überprüfung der Lernziele

- Nennen Sie mindestens drei verschiedene Ansätze und deren Charakteristika zur Förderung von psychischer Gesundheitskompetenz.
- Ziehen Sie ein Fazit zur Wirksamkeit von Interventionen zur Förderung von psychischer Gesundheitskompetenz.

Weiterführende Literatur

Godfrey, E. S. (2024). Mixed-methods investigation of a mental health literacy intervention with middle school educators (Doctoral dissertation, The University of Wisconsin-Madison).

Milin, R., Kutcher, S., Lewis, S. P., Walker, S., Wei, Y., & Ferrill, N. (2016). Impact of a mental health curriculum on knowledge and stigma among high school students: A randomized controlled trial. Journal of the American Academy of Child & Adolescent Psychiatry, 55(5), 383–391. https://doi.org/10.1016/j.jaac.2016.02.018

Amado-Rodriguez, I. D., Casanas, R., Mas-Exposito, L., Castellvi, P., Roldan-Merino, J. F., Casas, I., ... & Fernández-San Martín, M. I. (2022). Effectiveness of mental health literacy programs in primary and secondary schools: A systematic review with meta-analysis. Children, 9(4), 480.

6 Stigmatisierung im Kontext psychischer Störungen

Lernziele

- Sie wissen um die Bedeutung des Begriffes »Stigma« und kennen den Entstehungsprozess von Stigmatisierung.
- Sie kennen die vielfältigen Ausdrucksweisen sowie mögliche Folgen von Stigmatisierung.
- Sie haben einen Überblick über die Stigmatisierungsformen der Gruppe der Menschen mit einer psychischen Erkrankung erhalten.

Das folgende Kapitel soll einen Einblick in die Konzeptualisierung des Prozesses der Stigmatisierung und der Entstehung von Stigmata geben, um darauffolgend die Stigmata, mit denen Menschen mit einer psychischen Erkrankung konfrontiert sind, genauer zu beleuchten.

6.1 Konzeptualisierung von Stigma

Der Terminus Stigma (griechisch für Stich-, Wund- oder Brandmal) geht auf die alten Griechen zurück, die Markierungen in die Haut von Kriminellen, Sklaven und Verfolgern schnitten oder brannten, um sie als verdorbene oder unmoralische Menschen zu kennzeichnen, die gemieden werden sollten (Goffman, 1963). Heute wird Stigma aus sozialwissenschaftlicher Sicht als ein Prozess verstanden, bei dem Individuen bestimmte andere Individuen durch Zuschreibung eines diskreditierenden Merkmals oder einer Eigenschaft einer Gruppe zuordnen (Hebl & Dovidio, 2005; Phelan, Link & Dovidio, 2008). Stigmata sind soziale Konstrukte und von historisch geprägten kulturellen Normen abhängig. Die Eigenschaften werden von einer Gesellschaft konsensual als normabweichend kategorisiert und bezeichnen eine Verknüpfung zwischen einem Stereotyp und den individuellen Eigenschaften bzw. Merkmalen, denen dieser Stereotyp fälschlicherweise zugeordnet wird (Goffman, 1967; Link & Phelan, 2001).

Im Modell von Link und Phelan (2001) werden fünf Komponenten zur Konzeptualisierung von Stigma identifiziert. Zuerst findet eine soziale Selektion von menschlichen Unterschieden statt, die als relevant bewertet werden. Hier findet eine Benennung (Labeling) der Unterschiede statt.

Labeling meint das Benennen der selektiv wahrgenommenen und als sozial relevant eingestuften Gruppenunterschiede (Link & Phelan, 2001). Als sozial relevante Gruppenunterschiede gelten in unserer heutigen Gesellschaft z. B. die Differenzierungsmerkmale Hautfarbe, Geschlecht, Sexualität oder Diagnosen von psychischen Störungen, während andere Gruppenunterschiede ignoriert und als sozial irrelevant gelten (z. B. die Augenfarbe oder das Lieblingsessen).

In einem zweiten Schritt werden diese Unterschiede einem Stereotyp zugeordnet.

Stereotype sind definiert als eine »erkenntnis-ökonomische Abwehreinrichtung gegen die notwendigen Aufwendungen einer umfassenden Detailerfahrung« (Lippmann, 1922, S. 79). Stereotype dienen im Alltag der kognitiven Effizienz und ermöglichen die schnelle Einschätzung einer Situation oder eines Sachverhaltes. Diese Bewertungen finden in der Regel automatisch statt. Im Stigmatisierungsprozess werden dann die benannten Unterschiede (Label) mit negativen Stereotypen verbunden (z. B. psychische Störung und Gefährlichkeit).

In einem dritten Schritt findet eine Ausgrenzung von Menschen mit gelabelten Merkmalen statt. Es gibt eine Einteilung in *wir* und *die* mit der Überzeugung, dass sich die ausgegrenzte Gruppe fundamental von der eigenen zugeordneten Gruppe unterscheidet.

Viertens finden ein Statusverlust und eine Diskriminierung in einer sozialen Hierarchie statt.

Diskriminierung beschreibt Verhaltensweisen, die Stereotypen unterstützen und verstärken und diejenigen benachteiligen, die als Stigmatisierte bezeichnet werden (Pescosolido & Martin, 2015). Diskriminierung findet auf der Verhaltensebene statt und zeigt sich z. B., wenn Menschen mit der Diagnose einer psychischen Störung im Bewerbungsprozess für eine Stelle oder einen Ausbildungsplatz aufgrund der Diagnose benachteiligt werden. Statusverlust und Diskriminierung sind hierbei dann in der Langzeitfolge die Konsequenz von Stigmatisierung. Die stigmatisierte Person wird hierbei nicht mehr als Individuum mit eigenständiger Persönlichkeit, sondern als Trägerin des Stigmas wahrgenommen.

Eine fünfte Komponente der Konzeptualisierung von Stigma ist Macht. Stigmatisierung beinhaltet immer ein asymmetrisches Machtverhältnis zwischen denen, die stigmatisieren und denen, die stigmatisiert werden. Link & Phelan (2004) erweiterten ihr Modell um die emotionale Reaktion von Stigmatisierenden gegenüber Stigmatisierten (z. B. Angst).

Insgesamt kann Stigmatisierung als ein Prozess, bestehend aus kognitiven, emotionalen und verhaltensbezogenen Komponenten, angesehen werden. In einer Gesellschaft existiert eine vereinfachte Wissensstruktur (Stereotyp) über eine Gruppe. Durch die mit negativen Emotionen verbundene Zustimmung zum bestehenden Stereotyp bildet sich ein Vorurteil, aus welchem eine Verhaltensreaktion in Form von Diskriminierung resultieren kann.

Diskriminierung kann sowohl offen als auch subtil sowie sowohl individuell als auch strukturell stattfinden. Wie oben beschrieben, zeichnet sich der gesamte Stigmatisierungsprozess als ein enorm komplexes Phänomen aus, welches immer mit dem Zeitgeist, der Kultur, dem vorherrschenden Menschenbild sowie der Historie verwoben ist. So ändert sich auch die Sicht auf bestimmte Distinktionsmerkmale im Laufe der Zeit (Pescosolido & Martin, 2015). Da Stigmatisierung ein gesamtgesellschaftliches Phänomen ist, welches unsere Erziehung und Sozialisation durchdringt und beeinflusst, so kann sie uns sowohl zu bewussten als auch unbewussten Einstellungen und Handlungen bringen. Diskriminierung kann sich z. B. individuell subtil darin zeigen, dass die Aufnahme von Beziehungen zu bestimmten Gruppen (unbewusst) eher vermieden wird, sie kann sich aber auch in einem offenen Ausgrenzen, Ignorieren oder Beleidigen zeigen. Strukturell bedingt kann Diskriminierung als Folge von Stigmatisierung dazu führen, dass stigmatisierte Menschen strukturell benachteiligt werden. Strukturelle Diskriminierung beinhaltet dabei sowohl Politiken privater und staatlicher Institutionen, die die Chancen von Menschen absichtlich einschränken (offen), als auch Politiken, die unbeabsichtigte Folgen haben, die wiederum die Chancen von Menschen einschränken (subtil) (Corrigan et al., 2004). Dies kann sich zeigen, indem ihre Chancen auf eine Arbeitsstelle oder einen Ausbildungsplatz geringer sind, ihnen der Zugang zu medizinisch-psychotherapeutischer Versorgung erschwert wird oder sie Schwierigkeiten bei der Wohnungssuche haben (Major & O'Brien, 2005).

Zu den Negativstereotypen von Menschen mit psychischen Störungen zählen beispielgebend die stereotypen Annahmen der Charakterschwäche, Gefährlichkeit oder Unberechenbarkeit (Mulfinger et al., 2018). Die Stigmatisierung von Menschen mit psychischen Störungen geht mit schwerwiegenden und weitreichenden Auswirkungen für Betroffene einher. Diskriminierungserfahrungen aufgrund einer psychischen Störung kann durch Internalisierung des Stigmas zu sozialer Isolation, Hoffnungslosigkeit sowie Suizidgedanken (Farrelly et al., 2015) führen. Deren Erforschung und Reduzierung sind somit auch ein wichtiger Teil in der Suizidprävention.

Eine wichtige Rolle bei der Vermittlung von Informationen über psychische Störungen spielen die Medien. Eine oftmals negative und verzerrte mediale Darstellung psychischer Störungen vermittelt dabei Negativstereotype psychisch Erkrankter und kann zur anhaltenden Stigmatisierung beitragen. Beispielgebend enthielten in der Studie von Lawson und Fouts (2004), in der 34 Disney-Animationsfilme untersucht wurden, 85 % der Filme verbale Hinweise auf psychische Störungen. Die Hinweise wurden hauptsächlich verwendet, um die Charaktere, auf die sie sich bezogen, abzugrenzen und zu verunglimpfen. Andererseits kann von Medien ein starkes entstigmatisierendes Potential ausgehen, sofern diese strategisch eingesetzt werden.

6.2 Rahmenmodell Stigmatisierung psychischer Störungen

Die Stigmatisierung von psychischen Störungen lässt sich in verschiedene Formen einteilen. Fox und Kollegen (2018) unterscheiden in ihrem Rahmenmodell der Stigmatisierung psychischer Erkrankungen hierfür zuerst zwischen den Perspektiven der Stigmatisierenden und der Stigmatisierten. Auf Seite der Stigmatisierenden finden sich Vorurteile, Stereotype, Diskriminierung und wahrgenommenes Stigma, welche als Folge zu sozialer Ausgrenzung, aber auch ggf. zu öffentlicher, politischer Unterstützung führen können. Auf Seite der Stigmatisierten findet sich ebenfalls das wahrgenommene öffentliche Stigma sowie internalisiertes Stigma, antizipiertes Stigma und erlebtes Stigma, welches häufig zu verzögertem Hilfesuchverhalten und schlechterer Behandlung führt sowie Auswirkungen auf die psychische und somatische Gesundheit sowie das soziale Wohlbefinden haben. Beeinflusst werden all diese Stigmaformen von intersektionalen Charakteristiken (z. B. Hautfarbe, Geschlecht, Diagnose, sozio-ökonomischer Status). Im Folgenden werden die Stigmaformen genauer vorgestellt.

6.2.1 Öffentliche Stigmatisierung

Öffentliche Stigmatisierung beschreibt die stigmatisierte Wahrnehmung und Reaktionen der Gesellschaft gegenüber einer bestimmten Gruppe (Corrigan, 2004). Sie beinhaltet damit Stereotypen, Vorurteile und Diskriminierung, die von der allgemeinen Bevölkerung geteilt werden (Major & O'Brien, 2005).

Einige persönliche Fragen: Was denken Sie über/von Menschen mit psychischen Erkrankungen? Macht es einen Unterschied, um welche psychische Erkrankung es sich handelt? Was denken Sie über/von Menschen mit körperlichen Erkrankungen? Welche Bilder und Gedanken schießen Ihnen in den Kopf? Wie viel Verantwortung übertragen Sie den Menschen mit unterschiedlichen Erkrankungen für ihre Erkrankung? Was denken Sie: Worauf beruhen diese Vorstellungen?

Studienergebnisse aus Kanada, England und Deutschland legen nahe, dass vor allem drei Wahrnehmungen von Menschen mit einer psychischen Erkrankung in der Gesellschaft vorherrschend sind:

1. Angst und Ausgrenzung: Menschen mit schweren psychischen Erkrankungen (z. B. Schizophrenie) werden allgemein als beängstigend betrachtet und sollten daher aus der Gemeinschaft herausgehalten werden.
2. Menschen mit psychischen Erkrankungen wird häufig eine Autonomie abgesprochen: Menschen mit schweren psychischen Erkrankungen werden als unverantwortlich betrachtet, daher sollten Lebensentscheidungen von anderen getroffen werden.
3. Es besteht eine Art Überzeugung, dass Menschen mit einer psychischen Erkrankung übermäßig hilfebedürftig sind: Menschen mit schweren psychischen Er-

krankungen sind kindlich und müssen umsorgt werden (Angermeyer et al., 2003; Brockington et al., 1993; Taylor & Dear, 1981).

Personen mit psychischen Erkrankungen werden eher für die Verursachung ihrer Krankheit verantwortlich gemacht (Corrigan et al., 2000; Rüsch et al., 2005). Diese Verantwortungszuschreibung ist bei Schizophrenie weniger stark ausgeprägt als bei Drogenabhängigkeit und Essstörungen (Angermeyer & Matschinger, 2004). Diese Einstellungen führen zu entsprechend diskriminierendem Verhalten. Stigmatisierende Einstellungen und Verhaltensweisen gegenüber Menschen mit einer psychischen Störung entwickeln sich bereits sehr früh im Kindes- und Jugendalter, z. B. in Form von sozialer Ausgrenzung und emotionaler Gewalt durch Mitschüler:innen (McKeague et al., 2015; Moses, 2010; Wahl et al., 2012). Die Stigmatisierung psychischer Störungen ist hierbei deutlich höher ausgeprägt als die Stigmatisierung rein somatischer Erkrankungen (Kowalski & Peipert, 2019), auch bereits im Kindes- und Jugendalter. Walker und Kollegen (2008) fanden bei 8- bis 18-Jährigen eher negative Zuschreibungen im Sinne stärkerer Stigmatisierung gegenüber Gleichaltrigen mit einer Aufmerksamkeitsdefizit-/Hyperaktivitätsstörung (ADHS) und Depression im Vergleich zu Asthma.

6.2.2 Wahrgenommenes öffentliches Stigma

Wahrgenommenes öffentliches Stigma entspricht den negativen Einstellungen, die eine Person auf Seiten der Öffentlichkeit wahrnimmt in Abgrenzung zum persönlichen Stigma. Bei dem persönlichen Stigma handelt es sich um die persönliche Einstellung einer Person gegenüber der stigmatisierten Gruppe (Schnyder et al., 2017). Wahrgenommenes öffentliches Stigma wird häufig deutlich höher eingeschätzt im Vergleich zu eigenen Einstellungen gegenüber stigmatisierenden Aussagen (Reavley & Jorm, 2011).

6.2.3 Antizipiertes Stigma

Im Laufe der Sozialisation lernen Menschen, unabhängig davon, ob sie die Diagnose einer psychischen Störung haben oder nicht, wie sich die Gesellschaft gegenüber Menschen mit psychischen Störungen verhält. Somit können nicht nur Diskriminierungserfahrungen, sondern auch die Erwartung, von anderen aufgrund der psychischen Störung abgewertet und diskriminiert zu werden verinnerlicht werden.

Die antizipierte Stigmatisierung bezieht sich hierbei auf Erwartungen von Stigmaerfahrungen in der Zukunft (Earnshaw et al., 2012). Weiterhin kann sie sich auch als Ausmaß der Sorgen über negative zwischenmenschliche Reaktionen und Abwertungen durch andere, wenn die psychische Störung offenbart wird oder andere auf die psychische Störung aufmerksam werden, betrachtet werden (Quinn et al., 2015).

Antizipiertes Stigma kann nicht nur in der Entscheidung der Offenbarung der Diagnose eine wichtige Rolle spielen, sondern auch im Behandlungsverlauf. Jugendliche berichten zum Beispiel nach der Entlassung aus ihrem ersten psychiatrischen Klinikaufenthalt eine erhöhte antizipierte Stigmatisierung mit Ängsten vor Abwertung, Ablehnung und Ausgrenzung (Moses, 2009b). Betroffene entscheiden sich daher oft für eine Geheimhaltung der psychischen Störung, um der antizipierten Stigmatisierung zu entgehen. Hierbei besteht ein Zusammenhang mit der antizipierten Stigmatisierung und der Geheimhaltung sowie eines verringerten formalen (professionellen) Hilfesuchverhaltens. Kurzfristig kann die Geheimhaltung die Betroffenen vor öffentlicher Stigmatisierung schützen, langfristig können sich daraus negative Konsequenzen, wie gesteigertes Unwohlsein, geringeres psychisches Wohlbefinden, stärkeres Stresserleben bis hin zu sozialer Isolation, ergeben (Bluhm et al., 2014; Chaudoir & Quinn, 2016; Newheiser & Barreto, 2014). Studien mit Stichproben von Erwachsenen zeigen, dass Menschen mit psychischen Störungen mehr Stigmatisierung antizipieren als sie tatsächlich erleben (Angermeyer et al., 2004; Yoshimura et al., 2018). In der Abwägung, ob jemand von seiner Diagnose berichtet, kann es daher wichtig sein, antizipierte Stigmatisierung zu überprüfen und ggf. zu korrigieren. Nicht selten machen betroffene Menschen die Erfahrung, dass andere Menschen entgegen der Erwartung positiv reagieren. Auch passiert es nicht selten, dass sich das Gegenüber ebenfalls öffnet und von eigenen Erfahrungen im Zusammenhang mit psychischen Störungen berichtet. Vernetzung und das Kennenlernen von Verbündeten können hierbei eine wichtige soziale Ressource darstellen. Dies ermöglicht oft auch noch einmal ein Hinterfragen der eigenen Stereotype und Vorurteile. So sind manche Betroffene überrascht, dass Menschen im Umfeld ebenfalls betroffen sind und zeigen andere Erwartungen an diese Personen (z. B. Aussagen wie: »Das hätte ich nie gedacht, dass die Person betroffen ist, sie hat immer gute Noten und wirkt so, als würde ihr alles leicht fallen«). Ein offener Umgang und sozialer Austausch ermöglichen hierbei auch das Kennenlernen des Spektrums von Symptomen psychischer Störungen und ihren individuellen Umgang damit. Es kann allerdings auch genauso gut sein, dass antizipiertes Stigma zutrifft oder eine Reaktion auch schlimmer als erwartet ausfällt. Die Geheimhaltung kann auch durchaus ihre Berechtigung zum Eigenschutz haben. Negative Erfahrungen können eine Chance sein, bestehende Beziehungen (z. B. Freundschaften) zu hinterfragen und Anforderungen an diese neu zu definieren. Zuletzt kann man unabhängig von der Reaktion der anderen, den eigenen Mut für die Selbstoffenbarung wertschätzen. Eine Offenbarung kann auch ein Wegbereiter für andere Menschen sein, sich zu öffnen und den Teufelskreis des Tabus weiter aufzuheben.

6.2.4 Erlebtes Stigma

Die Stigmatisierungserfahrung, die eine Person tatsächlich gemacht hat, wird als erlebtes Stigma bezeichnet. Dies stellt hierbei die greifbarste und realitätsorientierteste Perspektive im Rahmen des Diskriminierungsprozesses dar.

Das Ausmaß an Stigmatisierung ist von verschiedenen Faktoren abhängig. So können zum Beispiel stärker ausgeprägte psychopathologische Symptome oder eine größere Anzahl von stationären Aufenthalten mit einer größeren Stigmatisierungserfahrung verbunden sein (Cechnicki et al., 2011; Ertugrul & Uluğ, 2004). Erlebte Diskriminierungserfahrungen nehmen nicht nur Einfluss darauf, wie stark

Betroffene zukünftig Diskriminierung antizipieren, sondern beeinflussen auch das Ausmaß von internalisiertem Stigma und Internalisierung negativer Emotionen (Quinn et al., 2015).

Erlebte Stigmatisierung kann sich gerade bei akuten Symptomen sehr fatal auf den weiteren Verlauf auswirken. Menschen, die sich zum Beispiel aufgrund einer depressiven Episode oder einer Angststörung sehr zurückgezogen haben, ziehen sich nach erlebter Stigmatisierung vielleicht noch mehr zurück. Dieser Rückzug kann wiederum die Symptomatik und damit die Beeinträchtigung weiter verstärken. Auch ungesunde Bewältigungsstrategien können weiter bestehen bleiben oder sich verstärken, wenn gesunde Alternativen (z. B. soziale Unterstützung) fehlen. Häufig ist der Selbstwert von Betroffenen gering und sie geben sich die Schuld an ihrer Situation. Erlebtes Stigma kann auch dies wiederum verstärken. Im Rahmen einer Behandlung ist es hierbei wichtig, diese Stigmatisierungserfahrungen zu erfragen und Raum für einen Umgang zu geben. Auch die Möglichkeit weiterer formaler Unterstützung sollte in manchen Kontexten vor dem Hintergrund von Inklusion diskutiert und die Kommunikation von Beteiligten gesucht werden (z. B. im Rahmen eines runden Tisches in der Schule oder der Beantragung weiterer Unterstützung durch eine Integrationsfachkraft).

6.2.5 Internalisiertes Stigma (Selbststigma)

Internalisiertes Stigma (Selbststigma) liegt vor, wenn Personen mit einer psychischen Störung ein öffentliches Stigma gegen sich selbst richten (Corrigan, 2004; Goffman, 1967). Ein Teufelskreis kann ausgelöst werden, da Betroffene die zu ihrem Stigma existierenden gesellschaftlichen Vorurteile und Stereotypen akzeptieren und verinnerlichen und selbstdiskriminierende Verhaltensweisen zeigen können (Aydin & Fritsch, 2015).

Auch hier sind Stereotypisierung, damit einhergehende negative emotionale Reaktionen sowie eine Diskriminierung gegenüber sich selbst vorherrschend. Personen, die Vorurteile gegen sich selbst richten, stimmen in einem ersten Schritt z. B. dem Stereotyp zu: »Ich bin schwach und unfähig, für mich selbst zu sorgen«. Zweitens führen Selbstvorurteile zu negativen emotionalen Reaktionen, wie z. B. Resignation oder zu einer geringer Selbstwirksamkeit (Wright et al., 2000). Die Verhaltenskomponente, die selbstdiskriminierenden Verhaltensweisen, können sich in der Folge z. B. so zeigen, dass Menschen mit psychischen Erkrankungen auch aufgrund ihrer Selbstvorurteile möglicherweise bei der Suche nach einer Arbeit oder einem unabhängigen Leben scheitern können (Rüsch et al., 2005).

Internalisiertes Stigma kann zu einer Abnahme des Selbstwertgefühls (Kowalski & Peipert, 2019; Lysaker et al., 2007) und zu Hoffnungslosigkeit (*Why Try-Effekt*) führen. Menschen, die diesen Effekt erleben, fühlen sich wenig selbstwirksam und hoffnungsvoll, dass sie Hilfe erfahren und stellen Versuche zur Bewältigung der psychischen Störung zurück oder ein (Corrigan et al., 2009). Internalisierte Stigmatisierung beeinträchtigt den Hilfesuchprozess, z. B. bei der Suche nach Informationen für die Behandlung der psychischen Störung (Lannin et al., 2016). Kontrastierend dazu ist die Reduktion des internalisierten Stigmas mit einer Besserung des Schweregrads der Symptome, einer höheren Funktionalität und einer besseren Lebensqualität assoziiert (Pearl et al., 2017). Die Verringerung der Selbstwirksamkeit stellt somit eine Bedrohung der Genesung dar und ist negativ mit dem Behandlungserfolg assoziiert (Oexle et al., 2018). Höhere Werte von internalisiertem Stigma sind weiterhin mit einem geringen Selbstwert, höherer Psychopathologie, einer geringeren Lebensqualität und geringerer sozialer Unterstützung (Livingston & Boyd, 2010) verbunden. Internalisiertes Stigma ist auch ein Prädiktor für Suizidgedanken (Oexle et al., 2017; Xu et al., 2016). Weiterhin geht es oft mit Gefühlen der Scham einher, weshalb Scham auch als emotionale Komponente des internalisierten Stigmas bezeichnet werden kann. In der Untersuchung von Moses (2009b) gaben 25% bis 32% der befragten Jugendlichen an, häufig oder sehr häufig internalisierte Stigmatisierung in Form von Gefühlen der Scham über die eigenen emotionalen und Verhaltensprobleme zu erleben. Ergänzend dazu stellt das Gefühl der Andersartigkeit eine zentrale Rolle bei der Erfahrung von internalisierter Stigmatisierung in der Adoleszenz dar (Kranke et al., 2011; McKeague et al., 2015; Moses, 2009a). Jugendliche mit der Diagnose einer psychischen Störung haben oft die Wahrnehmung, sich stark von anderen Jugendlichen ohne eine (bekannte) Diagnose zu unterscheiden. Hier kann es umso wichtiger sein, den Fokus auf Gemeinsamkeiten zu legen (z. B. Hobbies, Interessen, Eigenschaften, Humor). Auch wenn eine psychische Erkrankung das Leben sehr einnimmt, so ist diese zusätzlich zu vielen anderen Aspekten nur ein Teil der eigenen Person. Im Behandlungsverlauf kann es hier auch wichtig sein, diese Aspekte gemeinsam zu erarbeiten und hervorzuheben.

> **Überprüfung der Lernziele**
>
> - Auf welche Bedeutung geht der Begriff Stigma zurück und von welcher Definition gehen wir heute aus sozialwissenschaftlicher Perspektive aus?
> - Erläutern Sie die fünf Komponenten der Stigmatisierung nach Link und Phelan (2001).
> - Welche Stigmaformen gibt es?
> - Wie äußert sich Stigmatisierung für Menschen mit psychischen Erkrankungen?
> - Welche besondere Rolle hat das internalisierte Stigma bei Menschen mit psychischen Erkrankungen und wie wirkt es sich auf das Hilfesuchverhalten aus?

Weiterführende Literatur

Corrigan, P. W., River, L. P., Lundin, R. K., Wasowski, K. U., Campion, J., Mathisen, J., Goldstein, H., Bergman, M., Gagnon, C., & Kubiak, M. A. (2000). Stigmatizing attributions about mental illness. Journal of Community Psychology, 28(1), 91–102.

Fox, A. B., Earnshaw, V. A., Taverna, E. C., & Vogt, D. (2018). Conceptualizing and Measuring Mental Illness Stigma: The Mental Illness Stigma Framework and Critical Review of Measures. Stigma and Health, 3(4), 348–376. https://doi.org/10.1037/sah0000104

Link, B. G., & Phelan, J. C. (2001). Conceptualizing Stigma. Annual Review of Sociology, 27(1), 363–385. https://doi.org/10.1146/annurev.soc.27.1.363

Link, B. G., Yang, L. H., Phelan, J. C., & Collins, P. Y. (2004). Measuring mental illness stigma. Schizophrenia Bulletin, 30(3), 511–541. https://doi.org/10.1093/oxfordjournals.schbul.a007098

Pescosolido, B. A., & Martin, J. K. (2015). The stigma complex. Annual review of sociology, 41, 87–116.

7 Interventionen zum Abbau von internalisiertem Stigma

> **Lernziele**
>
> - Sie kennen Modelle zur Entstehung von internalisiertem Stigma.
> - Sie kennen direkte und indirekte Interventionen zum Abbau von internalisiertem Stigma.
> - Sie kennen spezifische evaluierte Interventionen zum Abbau von internalisiertem Stigma.

Interventionen zum Abbau von Barrieren bei hilfesuchenden Verhalten bei Jugendlichen mit psychischen Störungen richten sich häufig an den Abbau von öffentlichem Stigma und der Entstigmatisierung psychischer Störungen (Aguirre-Velasco et al., 2020). Es gibt Hinweise, dass Jugendliche geringere stigmatisierende Einstellungen gegenüber Peers mit psychischen Problemen aufweisen als sich selbst gegenüber (Pfeiffer & In-Albon, 2022). Interventionen zur Reduktion von öffentlichem Stigma können sich somit als sozialer Unterstützungsfaktor zum Hilfesuchverhalten auswirken. Gleichzeitig kann aber internalisiertes Stigma weiter fortbestehen und eine deutliche Barriere darstellen. Dies verdeutlichen auch Befunde im Erwachsenenalter: Am Ende einer Kurzzeitberatung zum Umgang mit psychischen Problemen veränderten sich allgemeine stigmatisierende Einstellungen, internalisiertes Stigma blieb jedoch unverändert hoch (Kendra et al., 2014). Im Hinblick auf die Folgen von internalisiertem Stigma (▶ Kap. 6), zeigt sich hier die Notwendigkeit von Interventionen, die sich explizit an den Abbau von internalisiertem Stigma richten. Diese scheinen vor dem Hintergrund der Persistenz von internalisiertem Stigma auch sinnvoll, wenn Betroffene bereits erste Schritte im Hilfesuchprozess unternommen haben.

> **Anwendungsbeispiel von internalisiertem Stigma in der Psychotherapie**
>
> Der 16-jährige M. leidet seit ca. 1,5 Jahren an gedrückter Stimmung, fühle sich erschöpft, habe Schwierigkeiten sich zu konzentrieren. Seine Noten seien immer schlechter geworden, aktuell stehe in Frage, ob er das Schuljahr schaffe. Er habe viele Fehlzeiten in der Schule und habe das Gefühl, der Alltag sei schwer bewältigbar. Früher habe er gerne Basketball gespielt und gezeichnet sowie sich mit Freunden getroffen. Dies tue er in letzter Zeit kaum noch. Er versuche, joggen zu gehen, aber vor allem, weil er seinen Körper nicht schön finde und verhindern wolle, dass er zunehme. Eigentlich möchte M. Abitur machen, aber er weiß nicht,

ob er die Fähigkeiten habe. Er wäre der erste in der Familie, der ein Abitur machen würde, das löse bei ihm auch viel Druck aus. Aufgrund der vielen Fehlzeiten in der Schule nimmt die Schule Kontakt zu den Eltern auf und es kommt mit weiterer Unterstützung seitens des Jugendamtes zur Aufnahme einer Psychotherapie mit der Diagnose einer depressiven Episode, gegenwärtig mittelgradig. M. ist motiviert, seine Stimmung zu verbessern, mehr Antrieb zu bekommen und mehr Selbstbewusstsein aufzubauen. Gleichzeitig schämt er sich stark, die Praxis aufzusuchen. Bevor er das Gebäude betritt, schaut er oft um sich, ob er Personen kennt, die mitbekommen könnten, dass er eine Psychotherapie macht. Im Wartezimmer fühlt er sich »als Versager«, weil er es nicht »aus eigener Kraft« schaffe. Er denkt, er habe »eine schwache Persönlichkeit« und habe sich nicht genug angestrengt. Sein Psychotherapeut empfindet er als sympathisch, zweifelt aber, ob dieser nicht auch von ihm als »schwache Persönlichkeit« denkt. Sein Ziel sei aktuell so viel wie möglich aus der Psychotherapie mitzunehmen, um wieder gesünder zu werden, aber sie auch so schnell wie möglich zu beenden, um »den Makel« loszuwerden.

 Dos and Don'ts: Die Inanspruchnahme von Hilfe heißt nicht unbedingt eine Überwindung und einen Abbau von internalisiertem Stigma über die Zeit. Neben der Klärung des Auftrags, des:der Auftraggeber:in der Psychotherapie und der Therapiemotivation ist es hier wichtig, explizit nach internalisiertem Stigma zu fragen und dieses in eine Beratung oder Psychotherapie mit einzubeziehen. Beispiele für Fragen können sein: »Was denkst du über dich, dass du nun eine Psychotherapie machst und die Diagnose einer depressiven Episode hast? Wie geht es dir damit, hier in die Praxis zu kommen? Wem hast du von der Diagnose und der Psychotherapie erzählt?«. Ziel einer Behandlung kann hierbei auch sein, internalisiertes Stigma zu hinterfragen, ein Narrativ für die eigene Krankheitsgeschichte mit Stärkung von Ressourcen zu entwickeln und Menschen bei der Entscheidung für eine Selbstoffenbarung zu unterstützen. Von Helfer:innenseite ist es weiterhin wichtig, eigenes internalisiertes Stigma zu erkennen und zu reflektieren und dieses nicht auf Patient:innen und Klient:innen anzuwenden. Hier spielen Intervision und Supervision sowie Selbsterfahrung zur Reflexion eine wichtige Rolle. Menschen im professionellen Helferkontext sind für Patient:innen auch Vorbilder und Modelle. Patient:innen merken, ob vermittelte Werte auch auf der anderen Seite gelebt und ernst genommen werden.

7.1 Modelle zur Entstehung von internalisiertem Stigma

7.1.1 Das progressive Stufenmodell von internalisiertem Stigma

Dieses Modell (Corrigan & Rao, 2012) geht von mehreren Stufen zur Entwicklung von internalisiertem Stigma aus. Die erste Stufe ist die Wahrnehmung und das Bewusstsein von öffentlichem Stigma, welches erstmal unabhängig von der eigenen psychischen Störung besteht. In einem zweiten Schritt entscheiden sich Menschen diesen Einstellungen zuzustimmen oder sie abzulehnen. Im dritten Schritt findet die Anwendung der stigmatisierenden Einstellungen auf sich selbst statt. Dies bedeutet eine Zustimmung, dass die wahrgenommene Stigmatisierung auch auf die eigene Person bezogen wird. Im vierten Schritt werden die schädigenden Konsequenzen von internalisiertem Stigma deutlich (geringeres Selbstwertgefühl, geringere Selbstwirksamkeit). Eine spezifische Konsequenz von internalisiertem Stigma ist der *Why Try Effect* (*Warum versuchen?*), bei welchem Lebensziele nicht angegangen werden aufgrund der Verinnerlichung von stigmatisierenden Einstellungen (z. B. »Ich bin es nicht wert, dass mir etwas Gutes passiert, egal, was ich angehe, es wird sowieso schief gehen«).

7.1.2 Das integrative kognitive Modell

Ein Modell zur Erklärung von internalisiertem Stigma ist das integrative kognitive Modell von Wood, Byrne und Morrison (2017). Dieses Modell postuliert, dass es eine Verbindung zwischen der Identifikation mit einer Gruppe gibt (z. B. Gruppe von Menschen mit der Diagnose einer psychischen Störung) und dem Bewusstsein von stigmatisierenden Einstellungen in der Gesellschaft. Beide Komponenten wirken bidirektional (wechselseitig) sowohl auf emotionaler, kognitiver und Verhaltensebene aufeinander ein und können internalisiertes Stigma hervorrufen und aufrechterhalten. Weiterhin wirken Schutzfaktoren auf die Entwicklung von internalisiertem Stigma ein (z. B. soziales Netzwerk und persönliche Ziele).

7.2 Übersicht über Interventionen zum Abbau von internalisiertem Stigma

7.2.1 Indirekte Interventionen über den Weg des Abbaus öffentlichen Stigmas

Auf Grundlage des progressiven Stufenmodells von internalisiertem Stigma zielen ein Teil der Interventionen zum Abbau von internalisiertem Stigma über den Abbau von öffentlichem Stigma ab. Die Hypothese ist hier, wenn das wahrgenommene öffentliche Stigma als Voraussetzung für die Bildung von internalisiertem Stigma reduziert werden kann, reduziert sich auch das internalisierte Stigma. Corrigan und Penn (1999) unterscheiden hier zwischen drei wirksamen Strategien zum Abbau von öffentlichem Stigma. Die erste ist Aufklärung über psychische Störungen und deren Behandlung. Die Aufklärung soll hierbei spezifisch darauf ausgerichtet sein, Barrieren beim Hilfesuchverhalten zu senken und stigmatisierende Einstellungen zu reduzieren. Hier ist besondere Sensibilität geboten, da Aufklärungskampagnen auch Stigmata verstärken können und es hierzu insgesamt noch wenig Forschung gibt. Formate zur Aufklärung können unter anderem Plakate, Videos, Filme, Aufklärungsbroschüren sein, sie können über soziale Medien und in Gruppeninterventionen stattfinden. Die zweite Strategie ist Protest und ein Einsetzen für die Rechte von Betroffenen und die Aufmerksamkeit auf Ungerechtigkeiten und Diskriminierung. Die dritte Methode ist der Kontakt mit Menschen, die die Diagnose einer psychischen Störung haben, um bestenfalls Korrekturerfahrungen in Bezug auf stigmatisierende Einstellungen zu Menschen mit psychischen Störungen zu machen. Es gibt Hinweise, dass kombinierte Interventionen aus Psychoedukation und Kontakt effektiver sind als Aufklärung allein (Mehta et al., 2015; Patafio et al., 2021; Thornicroft et al., 2016; Yamaguchi et al., 2011.) Dieser Effekt bestand allerdings nur kurzfristig. Kontakt kann hierbei in Präsenz sein, imaginiert oder per Video. Corrigan und Bink (2016) formulierten einige Voraussetzungen für die Steigerung der Effektivität von Kontakt. Der Kontakt sollte immer zielgerichtet sein, insbesondere auch in Bezug auf die Botschaft, die man vermitteln möchte (z. B. Möglichkeiten der Behandlung von psychischen Störungen). Menschen mit beruflichem Erfolg und mit Machtpositionen eignen sich hierbei laut der Autoren oft gut, die stigmatisierenden Einstellungen zu hinterfragen. Weiterhin sind lokale Projekte erfolgreicher als Programme ohne lokalen Bezug und die Glaubwürdigkeit der Betroffenen sollte gewährleistet sein. Im günstigen Fall kann sich die Person, die in Kontakt mit Betroffenen geht, sich in der anderen Person wiederfinden und den Eindruck von Gemeinsamkeit und Nähe empfinden. Zuletzt gibt es die Empfehlung, dass der Kontakt möglichst kontinuierlich stattfinden sollte und auf mehreren Gesprächsthemen aufbauen sollte.

7.2.2 Direkte Interventionen über den Weg des Abbaus öffentlichen Stigmas

In einer systematischen Literaturarbeit identifizierten Yanos und Kolleg:innen (2015) sechs Interventionen mit dem Ziel der Reduktion von internalisiertem Stigma: Healthy Self-Concept, Self-Stigma Reduction Program, Ending Self-Stigma, Narrative Enhancement and Cognitive Therapy (NECT), Honest Open Proud (HOP) und Anti-Stigma Photo-Voice. Die Interventionen haben im Durchschnitt 3–20 Sitzungen. Methodisch fokussieren die Interventionen auf Psychoedukation, supportiven Elementen, Ressourcenaktivierung, kognitiven Techniken, motivationalem Interview, sozialem Kompetenztraining, narrativen Interventionen, der Reflektion von Selbstoffenbarung und Photo-Voice. Alonso und Kolleg:innen (2019) gruppierten in ihrem systematischen Review die Interventionen zum Abbau von internalisiertem Stigma bei Menschen mit psychischen Störungen in vier Hauptbereiche: psychoedukative Interventionen zum Thema internalisiertes Stigma, kognitiv behaviorale Interventionen, die darauf abzielen, internalisierte Kognitionen zu modifizieren, Interventionen, die einen Fokus auf das Thema Selbstoffenbarung haben und Interventionen, die diese Komponenten miteinander kombinieren. In neun von 14 Studien zeigte sich eine Reduktion von internalisiertem Stigma mit kleinen bis moderaten Effektstärken (Alonso et al., 2019). Die Autor:innen fassten weiter zusammen, dass 11 von 14 Studien sich an spezifische Diagnosen richteten und drei Interventionen transdiagnostisch ausgerichtet waren. In den meisten Studien hatten die Teilnehmer:innen eine Diagnose aus dem psychotischen Spektrum. Neun von 14 Studien erreichten in der Evaluation signifikante Ergebnisse. Darunter fielen psychoedukative Intervention, Honest Open Proud, Narrative Enhancement and Cognitive Therapy mit langfristigen Effekten. Das Photo-Voice-Programm und das Self-Stigma-Reduction-Programm zeigten kurzfristige Effekte. Bei sechs Studien ist die Studienqualität hoch, dies betrifft Evaluationen von NECT, Psychoedukation, KVT und HOP. Die Interventionen richten sich fast ausschließlich an Erwachsene. Jugendliche mit psychischen Störungen sind deutlich unterrepräsentiert. Insgesamt gibt es in der Literatur drei Interventionen, die anhand einer Jugendlichenstichprobe evaluiert wurden. Eine Intervention (Bratt et al., 2020) nutzte einen gruppenbasierten Ansatz zur Stärkung von Selbstmitgefühl bei weiblichen Jugendlichen (15–17 Jahren) mit einer qualitativen Evaluation und eine kleine Stichprobe (N=6). Die zweite evaluierte Intervention ist das Programm Honest Open Proud (HOP) mit einer Stichprobe von knapp 100 Jugendlichen, welches in einem randomisiert kontrolliertem Design evaluiert wurde (Mulfinger et al., 2018). Eine dritte, noch nicht veröffentliche Evaluation anhand einer Jugendlichenstichprobe ist das Programm Narrative Enhancement and Cognitive Therapy (NECT). Im Folgenden werden die Programme näher vorgestellt.

7.2.2.1 Mitgefühlsfokussierte Therapie/Compassion-focussed Therapy

Die gruppenbasierte mitgefühlsfokussierte Therapie zum Abbau von internalisiertem Stigma (Bratt et al., 2020) wurde für Jugendliche mit psychischen Problemen und ihre Eltern entwickelt und basiert auf einem transdiagnostischen Ansatz (diagnosenübergreifend). Das Programm besteht aus acht Sitzungen à zwei Stunden. Neben Jugendlichensitzungen finden parallel auch Elternsitzungen statt. Die erste Sitzung dient dem Kennenlernen und es werden Regeln für eine sichere Gruppentherapieatmosphäre festgelegt. Die Gruppenmitglieder geben einen Einstieg mit den Gründen, warum sie sich in psychiatrischer Behandlung befinden (Diagnose) und welche Erwartungen oder auch welche Befürchtungen sie an die Gruppe haben. In einer weiteren Sitzung erfolgt eine Psychoedukation zu Basiswissen über Emotionen und Emotionsregulation sowie Wissen über neuronale Funktionen. Die Mitglieder werden anschließend in das Konzept des mitfühlenden Selbst eingeführt und es werden Strategien zur Entwicklung des inneren Selbstkonzeptes erarbeitet. Gleichzeitig wird die Rolle und Funktionalität eines selbstkritischen Anteils erarbeitet. Im weiteren Verlauf werden achtsamkeits- und mitgefühlsbasierte Übungen erarbeitet (z. B. selbstberuhigende Atemtechniken, Selbstfürsorge und Stühlearbeit). Bei der Stühlearbeit sitzen die Gruppenteilnehmenden auf unterschiedlichen Stühlen, die den Selbstanteilen zugeordnet werden und verschiedene Emotionen und Einstellungen repräsentieren. In diesem Gruppenkonzept stellt ein Stuhl immer den mitfühlenden Anteil dar, der in einen Dialog mit einem anderen Anteil geht. Die Jugendlichen werden eingeladen, die Übungen gemeinsam mit ihren Eltern zu Hause weiterzuführen.

7.2.2.2 Honest Open Proud (In Würde zu sich stehen)

Das Ziel von *Honest Open Proud* (HOP; *In Würde zu sich stehen* (IWS)) ist die Unterstützung von Menschen mit psychischen Erkrankungen in der Entscheidung, ob sie sich mit ihrer Diagnose anderen gegenüber selbstoffenbaren oder nicht. HOP wurde von Corrigan und Kolleg:innen entwickelt (Corrigan & Lundin, 2001) und entstammt ursprünglich einer Intervention mit dem Namen *Coming Out Proud* für Erwachsene mit psychischen Störungen. In den USA und in Deutschland wurde eine Version für Jugendliche konzipiert (Mulfinger et al., 2018). Die Entscheidung, sich selbst mit einer Diagnose zu offenbaren, ist kontextabhängig und sehr individuell. Im HOP-Programm werden unter anderem der Grad der Selbstoffenbarung, das Setting und die Wahl von Personen zur Selbstoffenbarung reflektiert. Ziel ist hierbei, Betroffene in ihren Überlegungen zu stärken und ihre eigenen Entscheidungen bezüglich einer möglichen Selbstoffenbarung treffen zu lassen. HOP ist ein peergeleitetes Programm und deckt fünf Hauptthemen ab. Das erste Thema sind Überzeugungen: Anhand von Geschichten über Jugendliche mit der Diagnose einer psychischen Störung aus einem begleitenden Arbeitsbuch, werden deren Einstellungen hinsichtlich der Diagnose sowie die Art und Weise, mit internalisiertem Stigma umzugehen, exploriert. Das zweite Hauptthema ist die Erarbeitung von Für- und Gegenargumenten zur Selbstoffenbarung. Die Gruppenteilnehmenden diskutieren die kurz- und langfristigen Vor- und Nachteile von Selbstoffenbarung und Geheimhaltung in verschiedenen Lebensbereichen. Hierbei wird auch der Social Media-Bereich mit einbezogen. Das dritte Hauptthema ist die Wahl der richtigen Person für eine Selbstoffenbarung. Die Gruppenteilnehmer:innen sollen lernen,

Menschen zu finden, die potenziell gut mit der Selbstoffenbarung umgehen könnten, sowie auch Strategien anzuwenden, mit denen sie einerseits diese Eignung Schritt für Schritt prüfen und andererseits die Reaktionen von anderen Menschen antizipieren können. Das vierte Hauptthema ist das Erzählen der eigenen Geschichte. Die Teilnehmenden üben, wie sie ihre Geschichte erzählen und unterstützende Peers finden können. Das letzte Hauptthema ist die Rolle der Solidarität und Peer-Unterstützung sowie eine Zusammenfassung des Gelernten aus dem Programm und die Besprechung der nächsten Schritte. Die Sitzungen werden immer begleitet von Vignetten, persönlichen Geschichten, Arbeitsblättern, Informationen und Rollenspielen. HOP wurde für drei Sitzungen à zwei Stunden innerhalb von drei Wochen konzipiert. In einer randomisiert kontrollierten Studie (Mulfinger et al., 2018) im stationären Setting zeigte sich im Vergleich zur Kontrollgruppe (Treatment as usual) eine signifikante Reduktion von Stigmastress und eine Zunahme an Lebensqualität, welche durch Stigmastress im zweiten Messzeitpunkt mediiert wurde. Es wurde bei sekundären Outcomemaßen weiterhin eine Reduktion von internalisiertem Stigma, Stress in Bezug auf Selbstoffenbarung, Geheimhaltung sowie eine Zunahme von Hilfesuchintentionen, Einstellungen zur Selbstoffenbarung sowie eine Verbesserung depressiver Symptome gefunden, die auch im Follow-up stabil bleiben.

7.2.2.3 Narrative Enhancement and Cognitive Therapy

Die Narrative Enhancement and Cognitive Therapy (NECT) ist eine manualisierte strukturierte, gruppenbasierte Intervention, die von zwei Kliniker:innen über 20 Sitzungen à einer Stunde durchgeführt wird (Yanos et al., 2011). NECT besteht aus vier Hauptbestandteilen: Einführung (1 Woche), Psychoedukation (3 Wochen), kognitive Techniken (8 Wochen) und die Erarbeitung eines Narrativs (8 Wochen). Im Psychoedukationsteil geht es um eine Informationsvermittlung zum Thema Stigmatisierung psychischer Störungen. Zusätzlich werden evidenzbasierte Informationen zur Behandlung psychischer Störungen vermittelt. Die kognitiven Techniken zielen darauf ab, dysfunktionale Kognitionen und Grundannahmen zu hinterfragen und funktionale Kognitionen zu stärken. Die Techniken sollen auch in den Alltag überführt werden. Die Erarbeitung des Narrativs fokussiert auf den Prozess, die eigene Geschichte mit Bezug auf die Diagnose einer psychischen Störung zu erzählen und mit anderen in der Gruppe zu teilen. Hier werden Ressourcenorientierung, Hoffnung und stigmatisierende Einstellungen gegenübergestellt. Hintergrund ist vor allem, dass Menschen mit einer psychischen Störung oft Schwierigkeiten haben, ihre Geschichte zu erzählen. Sie haben insbesondere Schwierigkeiten, die Diagnose von ihrer Persönlichkeit zu lösen, wenn es eine hohe Identifikation mit der Diagnose gibt. Die Fähigkeit, ein Narrativ zu erzählen, soll hierbei auch identitätsfördernd wirken. Die Teilnehmenden erhalten innerhalb der Gruppe Feedback zu ihrer Geschichte und werden eingeladen, Perspektiven zu hinterfragen und zu reflektieren.

Überprüfung der Lernziele

- Erläutern Sie das integrative kognitive Modell sowie das progressive Stufenmodell als Modelle zur Entstehung von internalisiertem Stigma.
- Welche direkten und indirekten Interventionen, die darauf abzielen, internalisiertes Stigma abzubauen, kennen Sie?
- Welche evaluierten Interventionen zum Abbau von internalisiertem Stigma kennen Sie?

Weiterführende Literatur

 Alonso, M., Guillén, A. I., & Muñoz, M. (2019). Interventions to Reduce Internalized Stigma in individuals with Mental Illness: A Systematic Review. The Spanish Journal of Psychology, 22, E27. https://doi.org/10.1017/sjp.2019.9

Corrigan, P. W., & Rao, D. (2012). On the self-stigma of mental illness: Stages, disclosure, and strategies for change. Canadian Journal of Psychiatry. Revue Canadienne De Psychiatrie, 57(8), 464–469. https://doi.org/10.1177/070674371205700804

8 Stigma von Kindern psychisch erkrankter Eltern

> **Lernziele**
>
> - Sie kennen die Bedeutung von Stigma by Association, Family Stigma und Affiliate Stigma.
> - Sie wissen um die spezifische Erscheinungsform des Stigmas für Kinder psychisch erkrankter Kinder in Abgrenzung zu anderen Rollen im Family Stigma.

8.1 Stigma by Association

In Kapitel 6 wurden die verschiedenen Stigmaformen vorgestellt, die die Primärrezipienten von Stigma betreffen.

Bei verschiedenen diskreditierten Gruppen, die von Stigmatisierung betroffen sind (z. B. Menschen mit AIDS, körperlichen oder psychischen Erkrankungen), zeigte sich jedoch, dass nicht nur die merkmalstragenden Individuen selbst Stigmatisierung erwarten und erfahren, sondern auch deren nahe Angehörige, Pflegende oder andere Personen, die mit ihnen in Verbindung gebracht werden (Goldstein & Johnson, 1997; Haber, Roby & High-George, 2011; Östman & Kjellin, 2002). Diese Art der Stigmatisierung wird als *courtesy stigma* (Goffman, 1963) oder als *Stigma by Association* (SBA) (Pryor et al., 2012) bezeichnet.

Erklärt werden kann das SBA aufseiten der öffentlichen Stigmatisierung durch folgenden psychologischen Prozess: Die Interaktion einer nicht-stigmatisierten Person A mit einer stigmatisierten Person B widerspricht den kognitiven Vorannahmen der Person C, die sie über die beiden Personen A und B verinnerlicht hat (Neuberg et al., 1994). Um nun diese Dissonanz (Unstimmigkeit) auflösen und eine Vereinbarkeit der Beobachtung mit den bestehenden Grundannahmen herstellen zu können, wird eine der Grundannahmen verändert. Dafür stehen zwei mögliche Prozesse zur Verfügung: die Entstigmatisierung von Person B oder die Stigmatisierung von Person A. Hierbei scheint der Prozess der Stigmatisierung durch Assoziation dem Prozess der Entstigmatisierung überlegen zu sein (Neuberg et al., 1994). Eine wichtige Rolle im Hinblick darauf, ob eine assoziierte Person ebenfalls stigmatisiert wird, scheint der Grad zu spielen, ab dem die Personen eine bedeutende soziale Einheit bilden, also wie hoch die Entitavität (Konzept zur Kennzeichnung der Wahrnehmung einer Gruppe als Gruppe) ist (Campbell, 1958; Pryor et al., 2012). Dabei gilt: je höher die Entitavität, desto größer ist die Wahrscheinlichkeit, aufgrund der Assoziation stigmatisiert zu werden. Die Entitavität wiederum ergibt sich aus der Interaktion, der Wichtigkeit der Gruppe, gemeinsamen Zielen sowie der Art und Dauer der Beziehung. Intimen Gruppen, wie Familien, wird die höchste Entitavität zugeschrieben.

8.2 Family stigma

Family Stigma stellt eine Unterform des SBA dar. Tritt das SBA innerhalb von Familien auf, wird es auch als Family Stigma bezeichnet (Park & Park, 2014). In Bezug auf psychische Erkrankungen bedeutet dies, dass das Familiensystem aufgrund der Erkrankung eines Mitglieds Stigmatisierung erlebt.

Laut der Konzeption von Park und Park (2014) wird für die Entstehung des Family-Stigmas als ausschlaggebend eine Abweichung von der Norm einzelner Familienmitglieder oder der Familie im Gesamten angesehen. Diese Abweichung kann sich entweder aus negativen Ereignissen (z. B. Erkrankungen, Unfälle, Kriminalität, Konflikte) oder aus außergewöhnlichen Familienstrukturen (z. B. gleichgeschlechtliche oder alleinerziehende Eltern) ergeben (Park & Park, 2014).

Im Hinblick auf Kinder psychisch erkrankter Eltern ist dies insofern relevant, dass sie über das SBA hinaus, das aufgrund der elterlichen Erkrankung direkt entsteht, auch von einem Family Stigma betroffen sind, welches nicht direkt auf die Erkrankung, sondern auf damit einhergehende, von der Norm abweichende Familienumstände (▶ Kap. 3) zurückzuführen ist.

Wahl und Harmann (1989) befragten Familienangehörige von Menschen mit psychischen Erkrankungen sowohl über die Auswirkungen von Stigma auf psychisch erkrankte Familienmitglieder (also nach deren beobachteten bzw. indirekten Stigmaerfahrungen) als auch auf nicht erkrankte Familienmitglieder (also nach deren eigenen, direkten Stigmaerfahrungen). Von den Befragten gaben 77 % an, dass ihr erkranktes Familienmitglied stark oder sehr stark von Stigmatisierung betroffen war. Die am häufigsten genannten indirekten Stigmaerfahrungen waren die Beeinträchtigung des Selbstwertgefühls (76 %), Schwierigkeiten, Freunde zu finden und zu halten (65 %), und Schwierigkeiten, einen Arbeitsplatz zu finden (64 %). Die Befragten gaben außerdem an, dass Stigma sie ebenfalls betrifft, auch wenn sie es für sich selbst als weniger zentral ansahen als für ihr erkranktes Familienmitglied: 56 % der Befragten gaben an, dass das Stigma allgemein die Familie einer psychisch erkrankten Person stark oder sehr stark beeinträchtigt. Aber auch eigene, persönliche Stigmaerfahrungen wurden berichtet: Insgesamt berichteten 8–22 % der Befragten von ungünstigen Folgen der Stigmatisierung auf sich selbst, z. B. gestörte Familienbeziehungen zu anderen Familienmitgliedern (22 %) und zu ihrem erkrankten Familienmitglied (20 %). 21 % gaben darüber hinaus an, dass auch ihr Selbstwertgefühl durch die Stigmatisierung stark oder sehr stark beeinträchtigt wurde. Auch

Angermeyer & Matschinger (1997) fanden, dass 30% der befragten Familienmitglieder von psychisch erkrankten Menschen angaben, Diskriminierung erfahren zu haben. Als häufigste Diskriminierungserfahrungen wurden der Rückzug der anderen, Schuldzuweisungen sowie Verleumdung und negative Reaktionen benannt (Angermeyer et al., 1997). Insgesamt hat sich in verschiedenen Studien zum Family Stigma gezeigt, dass das Vorhandensein eines Verwandten mit einer stigmatisierenden Erkrankung zu sozialer Ausgrenzung und Scham bei betroffenen Familienmitgliedern führt. Dies wiederum führt dazu, dass die Familien große Anstrengungen unternehmen, um ihre Beziehung zu ihrem oder ihrer Verwandten und dessen oder deren Krankheit zu verbergen. Diese Stigmatisierungserfahrungen können sich negativ auf die psychische und physische Gesundheit der psychisch kranken Person und ihrer Familie auswirken (Angermeyer et al., 2003; van der Sanden et al., 2015).

8.3 Die Rollen im Family Stigma

Die häufig rezipierten Kernkomponenten des Stigmas gegenüber Familienangehörigen von Personen mit einer psychischen Erkrankung bilden Scham, Schuld und Kontamination (Corrigan & Miller, 2004). Die zugeschriebenen Attribute unterscheiden sich allerdings in Abhängigkeit von der Rolle, welche der oder die Betroffene innerhalb der Familie und in Bezug zu dem erkrankten Familienmitglied einnimmt. Während Eltern eines psychisch erkrankten Kindes oftmals die Schuld für die Erkrankung zugeschrieben wird, werden Kinder psychisch erkrankter Eltern eher als gefährdet wahrgenommen, von der elterlichen Erkrankung *angesteckt* zu werden (Corrigan & Miller, 2004).

In der Vergangenheit wurde der Forschungsschwerpunkt in Bezug auf Family Stigma vor allem häufig auf Familien gelegt, in denen Kinder mit einer psychischen Erkrankung oder einem Verhaltensproblem leben (Wyder & Bland, 2014). In solchen Studien wird das Stigma hervorgehoben, das für die Eltern, in der Regel für die Mutter, damit verbunden ist, dass die psychischen Probleme des Kindes als Folge von Erziehungsfehlern oder unangemessener Disziplin angesehen werden (Hinshaw, 2005). Die Öffentlichkeit gibt vor allem Eltern häufig die Schuld an den Symptomen und Behinderungen ihrer Kinder (Weiner, Perry & Magnusson, 1988; Corrigan et al., 2000).

Andere Forschungsarbeiten auf dem Gebiet der psychischen Erkrankungen haben sich allgemeiner auf eine Reihe von Familienmitgliedern konzentriert, einschließlich Partner:innen, Kinder und Geschwister von Menschen mit psychischen Problemen, und deren Erfahrungen mit Stigmatisierung. Bei Geschwistern und Ehepartner:innen wurde auch Schuld als ein zentrales Stigma-Element gefunden, allerdings ging es hier nicht um den Onset der Erkrankung, sondern vielmehr um Offset: Offset-Attributionen spiegeln Fragen darüber wider, welche Bedingungen notwendig sind, damit eine Reihe von Symptomen verschwindet, z. B. an welchen

Behandlungen muss eine Person teilnehmen, um eine Heilung zu erfahren (Weiner, 1995). Geschwister und Partner:innen werden häufig für den Krankheitsverlauf eines Verwandten verantwortlich gemacht. In einer Studie mit 164 Geschwistern von Personen mit einer psychischen Erkrankung wurde dieses Stigma benannt: Die Teilnehmenden zeigten sich besorgt darüber, dass psychisch erkrankte Geschwister sich nicht an die Behandlungspläne halten, und hatten den Eindruck, dass ein Rückfall oder eine Nicht-Heilung irgendwie ihre Schuld sei (Greenberg, Kim & Greenley, 1997). Im Gegensatz zu der Art von Verantwortung, die Eltern erfahren, scheint die Schuldzuweisung an Geschwister die öffentliche Erwartung widerzuspiegeln, dass Familienmitglieder, die in irgendeiner Weise mit psychisch erkrankten erwachsenen Personen verbunden sind (wie Geschwister), oder die sich entschieden haben, mit dem:der Erwachsenen zusammenzuleben (z. B. Ehepartner:in), eine größere Verantwortung für den aktuellen Status der Erkrankung tragen (Corrigan, 2004).

In Bezug auf die Rolle des Kindes wurde in frühen Studien ein häufiges Stigma identifiziert, das von Menschen mit gesundheitlichen Problemen erlebt wird: Kontamination (Verunreinigung) (Jones et al., 1984) – so, als würde die Erkrankung wie ein Bakterium von einer zur anderen Person überspringen oder aber als müsse ein Kind zwangsläufig bei einem so engen Kontakt und der Abhängigkeit von den Eltern durch die permanente Interaktion ebenfalls erkranken. In Anbetracht der Art der Beziehung ist es besonders wahrscheinlich, dass Kinder durch die psychische Erkrankung eines Elternteils als kontaminiert wahrgenommen werden (Corrigan, 2004).

Stellen Sie sich mal Folgendes vor: Es ist Ihr 1. Semester an der Uni. Ein Kommilitone erzählt Ihnen, dass sein Vater chronisch depressiv ist.

Beantworten Sie bitte die folgenden 4 Fragen. Für jede Frage wählen Sie eine Zahl zwischen 1 und 7. 1 bedeutet »überhaupt nicht schwierig«, 7 bedeutet »sehr schwierig«.

1. Wie schwierig wird es für Ihren Kommilitonen, gute Noten an der Uni zu erreichen?
2. Wie schwierig wird es für ihn sein, Freundschaften zu schließen und aufrechtzuerhalten?
3. Wie schwierig wird es für ihn sein, eine erfolgreiche Karriere zu starten?
4. Wie schwierig wird es für ihn sein, mit seinen Familienmitgliedern zurechtzukommen?

Dieses kleine Experiment nimmt Bezug auf die Studie von Mehta & Farina (1988). Bei dieser wurden insgesamt 120 Studienteilnehmende nach dem Zufallsprinzip einer von sechs Vignetten zugewiesen, die den Vater eines College-Studenten folgendermaßen beschrieben: alt, depressiv, alkoholkrank, amputiert, ehemaliger Sträfling oder ein Beruf, der Reisen außerhalb des Hauses erfordert. Die Studienteilnehmenden wurden dann gebeten, in mehreren Bereichen zu bewerten, wie schwierig das College für die Studierenden ist. Die Ergebnisse zeigten, dass das College für Studierende mit einem depressiven, alkoholkranken oder ehemaligen Straftäter als schwieriger eingestuft wurden als die anderen Gruppen. Es sei daran erinnert, dass nur Informationen über den Vater zur Verfügung gestellt wurden, so dass diese Ergebnisse darauf hindeuten, dass die Studierenden durch die Stigmata des Vaters in Verbindung gebracht wurden (Corrigan, 2004).

8.4 Stigma von Kindern psychisch erkrankter Eltern

Wie oben beschrieben, wurde lange Zeit der spezifischen Rolle der Kinder von psychisch erkrankten Eltern keine oder nur wenig Beachtung hinsichtlich ihrer Stigmatisierungserfahrungen geschenkt. Lediglich das Stigma der Kontamination wurde benannt. Da jedoch Kinder psychisch erkrankter Eltern vor besonders hohen Risiken stehen, selbst eine Erkrankung zu entwickeln und Stigma ein Faktor von vielen ist, der diese Risiken begünstigt (► Kap. 3), sollte diesem Thema deutlich mehr Forschungsaktivität gewidmet werden. Stigma hat sich insgesamt als ein Faktor herausgestellt, der dem Hilfesuchverhalten entgegensteht, dieses sogar häufig verhindert. Interventionen zum Abbau von Stigma sollten sich gezielt an die Bedürfnisse und Erfahrungen sowie die Stigmatisierungserfahrungen der Gruppe Kinder psychisch erkrankter Eltern richten. Deshalb werden nun die für Kinder psychisch erkrankter Eltern spezifischen Stigmatisierungserfahrungen genauer betrachtet, die mit ihrer Rolle als Kinder einhergehen. Es wird sich dabei vor allem an zwei systematischen Reviews orientiert, die die Forschungsergebnisse zu dieser Thematik zusammengefasst und kategorisiert haben (Reupert et al., 2021; Dobener et al., 2022b).

8.4.1 Wahrgenommenes öffentliches Stigma

Kinder und Jugendliche sind sich oft des Stigmas psychischer Erkrankungen, wie auch des damit einhergehenden Family-Stigmas, welches Familienmitglieder psychisch erkrankter Personen betrifft, bewusst. So nehmen sie eine geringe Offenheit bezüglich der psychischen Erkrankung des Elternteils wahr, welche sich sowohl in der Schule als auch in der Gesellschaft und innerhalb der eigenen Familie wiederfindet (Dam & Hall, 2016). Zudem erkennen Kinder und Jugendliche, dass Personen außerhalb der Familie, wie Nachbar:innen oder entfernte Verwandte, sie als *anders* im Vergleich zu *normalen* Familien wahrnehmen (Östman, 2008). Auch die Übernahme von Pflegeaufgaben gegenüber erkrankten Eltern kann mit einem wahrgenommenen Stigma einhergehen, welches sich sowohl auf die Pflegetätigkeit selbst als auch auf die Assoziation mit der beeinträchtigten Person beziehen kann (Bolas et al., 2007; Gray et al., 2008).

8.4.2 Erlebte Stigmatisierung

Kinder psychisch erkrankter Eltern leiden unter stigmatisierenden Einstellungen der Personen in ihrem Umfeld (Dam & Hall, 2016). Sie berichten, beispielsweise Mobbing oder gar aggressive Auseinandersetzungen mit Gleichaltrigen erfahren zu haben, nachdem die elterliche Erkrankung bekannt wurde (Dam & Hall, 2016; Mordoch, 2008; Wahl et al., 2017). Auch mit stigmatisierenden und verletzenden Worten werden Kinder konfrontiert, wenn ihre Eltern als »verrückt« betitelt werden (Oskouie, 2011). Einige Kinder erleben, dass Nachbar:innen oder auch die Eltern ihrer Freund:innen in abfälliger Weise über ihren erkrankten Elternteil sprechen (Dam et al., 2018). Zum Teil führt dies sogar dazu, dass betroffenen Kindern der Kontakt zu ihren Freund:innen oder Klassenkamerad:innen durch deren Eltern untersagt wird (Tamutienė & Jogaitė, 2019). In Bezug auf die Familie als gesamtes System spielen auch Kontaktabbrüche durch Verwandte oder Freund:innen eine Rolle, welche die Kinder und Jugendlichen miterleben (Rezayat et al., 2019).

Manche Kinder scheinen auch innerhalb ihrer Familien Stigmatisierung zu erfahren, zum Beispiel indem andere Familienmitglieder ihnen die Schuld für die Aufrechterhaltung der Erkrankung der Eltern geben (Östman, 2008). Die Betroffenen erleben außerdem, dass ihre Sorgen in Bezug auf die elterliche Erkrankung von Außenstehenden nicht ernstgenommen werden. So wird beispielsweise die Belastung, welche sie erleben und zum Ausdruck bringen, auf alters- und pubertätsbedingte Prozesse zurückgeführt und nicht auf die ernsthaften Schwierigkeiten, mit denen sie in ihrem Alltag konfrontiert sind (Tamutienė & Jogaitė, 2019). Auch haben sie den Eindruck, dass andere sie einfach nicht verstehen und nicht intervenieren, was die Situation für sie noch schlimmer macht (Carroll & Tuason, 2015). Auch berichten Kinder psychisch erkrankter Eltern, unangemessene Ratschläge von anderen zu bekommen, wenn sie sich ihnen öffnen: Beispielsweise empfehlen ihnen andere, zu verhüten, um die Erkrankungen nicht in die nächste Generation weiterzutragen (Karnieli-Miller et al., 2013). Insgesamt wird aus den Ergebnissen der Studien deutlich, dass Kinder psychisch erkrankter Eltern nicht nur mit direkter, offensiver Stigmatisierung und Diskriminierung sowie dem Verlust von Freundschaften konfrontiert werden, sondern auch mit viel fehlendem Wissen über psychische Erkrankungen und einem Unvermögen, Kindern und Jugendlichen in ihrer Situation zu unterstützen.

8.4.3 Antizipierte Stigmatisierung

In Bezug auf das antizipierte Stigma konnten in der bisherigen Forschung sehr ähnliche Themen, die auch bei der erlebten Stigmatisierung dargestellt wurden, identifiziert werden: Die Kinder fürchten offen feindselige Verhaltensweisen und Diskriminierung von anderen, aber auch negative Haltungen und Zuschreibungen zum Thema psychische Erkrankungen. Sie zeigen sich darüber hinaus beunruhigt, dass andere sie nicht verstehen könnten und sie ablehnen würden. Die Kinder zeigen sich v. a. besorgt, dass andere über sie lachen oder sie mobben könnten, wenn diese von der Erkrankung der Eltern erfahren würden (Cogan et al., 2005; Murphy et al.,

2011), oder dass andere das weitererzählen könnten (Blakeman et al., 2019). Eine weit verbreitete Sorge besteht bei manchen Kindern darin, von anderen als »anders« und damit als komisch betrachtet und bezeichnet zu werden (Widemalm & Hjärthag 2015; Haug Fjone et al., 2009). Andere wiederum berichten, dass sie das Thema vermeiden und niemanden nach Hause einladen aus Angst, andere könnten etwas Schlechtes über ihre Familie denken (Blakeman et al., 2019; McCormack et al., 2017) oder in der Folge sogar in eine Fremdunterbringung zu müssen, wenn andere ihre Eltern als schlecht wahrnehmen (Fudge & Mason, 2004; Tamutiene & Jogaite, 2019). Zudem zeigen manche Kinder Angst, dass sich andere von ihnen distanzieren oder ihre Freundschaft oder gar ihre romantische Beziehung beenden könnten (van der Sanden et al., 2014; Bolas et al., 2007). Erneut wird darüber hinaus eine Angst deutlich, dass andere zu wenig Wissen über psychische Erkrankungen haben und die betroffenen Kinder und Jugendlichen deshalb falsch einordnen oder ihre Situation nicht verstehen könnten (Wahl & Lenz, 2017; Tamutiene & Jogaite, 2019; Gray et al., 2008).

8.4.4 Affiliate Stigma – internalisiertes Stigma

Das Affiliate Stigma beschreibt die Selbststigmatisierung der Angehörigen von Menschen mit einer psychischen Erkrankung, d. h. die »Internalisierung des Stigmas bei den Angehörigen der betroffenen Personen« auf der affektiven, kognitiven und Verhaltensebene« (Mak & Cheung, 2008, S. 3, eigene Übersetzung).

Insgesamt manifestiert sich die Selbststigmatisierung von Kindern auf zwei verschiedene Arten, nämlich darin sich selbst als kontaminiert wahrzunehmen, und darin, sich selbst als minderwertig zu begreifen (Dobener et al., 2022b).

Die Kontamination wurde von einem Kind beschrieben als »infected tumour never to heal« (Dam et al., 2018, S. 83, übersetzt: »Tumor, der niemals geheilt werden könnte«), andere beschrieben die enge Verbindung von Mutter und Kind als vermuteten automatischen Übertragungsweg der Krankheit (Carroll & Tuason, 2015). Ein anderes Kind äußerte die Sorge, die Krankheit an eigene Kinder weiterzuvererben (van der Sanden et al., 2015). Weitaus mehr Belege gibt es jedoch für die zweite Art der Selbststigmatisierung, nämlich sich selbst als minderwertig wahrzunehmen: Scham und Peinlichkeit motivieren viele Kinder und Jugendliche, das *Geheimnis* der elterlichen Erkrankung hinter verschlossenen Türen zu behalten (Cogan et al., 2005; Leahy, 2015). Dies verhindert den Aufbau enger Freundschaften und Beziehungen und auch die Möglichkeit, sich anderen anzuvertrauen und gegebenenfalls Hilfe in Anspruch zu nehmen (Oskouie et al., 2011). Haverfield und Theiss (2016) stellten fest, dass eine familiäre Vermeidung des Themas der psychischen Erkrankung auch dazu führt, das Thema auch anderen gegenüber zu verschweigen.

Das Gefühl, *anders* zu sein als andere Kinder oder Jugendliche oder andere Familien wurde zudem sehr häufig internalisiert (Kadish, 2015; Murphy et al., 2015; Nieto-Rucian & Furness, 2017). Zudem wurde die Andersartigkeit dichotom damit in Verbindung gebracht, schlecht und falsch zu sein, während die anderen gut und richtig sind (McCormack et al., 2016). Auch Schuld konnte als eine Form des internalisierten Stigmas gefunden werden (Cogan et al., 2005).

8.4.5 Strukturelle Diskriminierung

Auf struktureller Ebene wird in internationalen Studien beschrieben, dass betroffene Kinder und Jugendliche insbesondere einen Mangel an Informationen über psychische Erkrankungen sowie eine fehlende Berücksichtigung ihrer selbst in der Gesundheitsversorgung wahrnehmen. In einer Studie von Cogan et al. (2005) wird berichtet, dass das Wissen, welches in Schulen über psychische Erkrankungen vermittelt wird, keineswegs ausreicht, um ein Verständnis dieser Erkrankungen zu erlangen. Auch durch Mitarbeitende des Gesundheitssystems scheinen Kinder und Jugendliche insgesamt nur wenige Informationen bzgl. psychischer Erkrankung zu erhalten (Cogan et al., 2005). Einige Betroffene erlebten den Kontakt mit Ärzt:innen oder Therapeut:innen als unsensibel und ignorierend (Nieto-Rucian & Furness, 2019). Zum Teil wird berichtet, dass Kinder und Jugendliche durch Ärzt:innen für die Erkrankung ihrer Eltern verantwortlich gemacht wurden (Dunn, 1993). Kinder, deren Eltern an einer Alkoholabhängigkeit erkrankt sind, berichten zudem, dass familiäre Unterstützungsangebote oft wenig auf die Schwierigkeiten der Kinder zugeschnitten sind (Tamutienė & Jogaitė, 2019). Aber auch in der Schule werden strukturelle Benachteiligungen wahrgenommen, indem Kinder nicht ausreichend Informationen zu und Wissen über psychische Erkrankungen erhalten (Cogan et al., 2005; Blakeman et al., 2019; Fudge & Mason, 2004). Medien (Cogan et al., 2005), Sozialarbeit (Tamutiene & Jogaite, 2019) sowie die Polizei (Krupchanka et al., 2016) werden als weitere Quellen struktureller Diskriminierung benannt.

Berücksichtigt werden muss jedoch dringend, dass Stigma, wie bereits in Kapitel 3 erläutert, immer vom Zeitgeist und der Historie der Gesellschaften abhängig ist. Internationale Studien sind somit nie direkt von einem Land auf ein anderes übertragbar. Die vorgestellten Studien und Überlegungen zur Stigmatisierung von Kindern psychisch erkrankter Eltern müssen immer kontextualisiert werden. Vor allem Studien, die die strukturelle Dimension umfassen, fehlen bisher in Deutschland gänzlich.

Überprüfung der Lernziele

- Welche Prozesse verbergen sich dahinter, wenn Kinder psychisch erkrankter Eltern nur aufgrund der elterlichen psychischen Erkrankung stigmatisiert werden?
- Wie macht sich Stigma by Association bei Kindern psychisch erkrankter Eltern in Abgrenzung zu anderen Rollen in der Familie bemerkbar?

Weiterführende Literatur

Dobener, L.-M., Stracke, M., Viehl, K. & Christiansen, H. (2022). Children of Parents With a Mental Illness – Stigma Questionnaire: Development and Piloting. Front. Psychiatry 13:800037. https://doi.org/10.3389/fpsyt.2022.800037

Hinshaw, S. P. (2004). Parental mental disorder and children's functioning: silence and communication, stigma and resilience. Journal of clinical child and adolescent psychology: the official journal for the Society of Clinical Child and Adolescent Psychology, American

Psychological Association, Division 53, 33(2), 400–411. https://doi.org/10.1207/s15374424jccp3302_22

Reupert, A., Gladstone, B., Helena Hine, R., Yates, S., McGaw, V., Charles, G., Drost, L. & Foster, K. (2021). Stigma in relation to families living with parental mental illness. An integrative review. Int J Mental Health Nurs. 30:6–26. https://doi.org/10.1111/inm.12820

Stracke, M, Dobener, L.-M. & Christiansen, H (2024) Children of parents with a mental illness – stigma questionnaire: validation and revision. Front. Psychiatry 15:1376627. https://doi.org/10.3389/fpsyt.2024.1376627

9 Hilfesuchverhalten nach sexualisierter Gewalterfahrung bei Kindern und Jugendlichen

Lernziele

- Sie kennen Prävalenzdaten sowie Raten zur Offenbarung von sexualisierter Gewalt.
- Sie kennen die Folgen von sexualisierter Gewalt.
- Sie kennen gesellschaftliche, interpersonelle und intrapersonelle Barrieren bei der Offenbarung sexualisierter Gewalt.
- Sie kennen Mythen zu sexualisierter Gewalt.

Während in den vorherigen Kapiteln der Fokus auf Barrieren und Unterstützungsfaktoren beim Hilfesuchverhalten von Kindern und Jugendlichen mit einer psychischen Störung sowie Kindern von Eltern mit der Diagnose einer psychischen Störung lag, werden sie in diesem Kapitel zunächst unabhängig von Psychopathologie vorgestellt und es wird auf ihre Besonderheiten im Zusammenhang mit erlebter sexualisierter Gewalt eingegangen. Die Betrachtung von spezifischem Stigma in diesem Zusammenhang ist auch im Rahmen der Diagnostik und Behandlung psychischer Störungen von hoher Relevanz. Sexualisierte Gewalt ist ein Risikofaktor für die Entwicklung psychischer Störungen. Betroffene erleben daher oft ein doppeltes Stigma: das Stigma psychischer Störungen und gleichzeitig das Stigma des Erlebens sexualisierter Gewalt. Die Kenntnis und Reflektion von spezifischem Stigma können eine Verbesserung der Versorgung von Betroffenen ermöglichen. Im folgenden Kapitel wird eine Einführung in die Definition, die Prävalenz und zu den Folgen sexualisierter Gewalt gegeben. Dies dient als Grundlage für das Verständnis von spezifischen Barrieren und Unterstützungsfaktorenbei der Offenlegung sexualisierter Gewalt.

9.1 Definition sexualisierter Gewalt

Neben dem Begriff *sexualisierte Gewalt* scheinen Begrifflichkeiten wie *sexueller Missbrauch* oder *sexuelle Misshandlung* im Alltagsgebrauch insbesondere im Kindes- und Jugendalter häufig synonym verstanden zu werden. An diesen Begriffen gibt es häufig Kritik. Das Wort *Missbrauch* würde einen legitimen Gebrauch in der Begrifflichkeit voraussetzen, der in diesem Fall und in dieser Bedeutung grundsätzlich ausgeschlossen ist. Mit dem Begriff wird zum Teil ein Missbrauch eines Machtverhältnisses gemeint, der allerdings aus der Begrifflichkeit nicht immer deutlich wird. Der Begriff *sexualisiert* bedeutet im Vergleich zum Begriff *sexuell*, dass hierbei nicht die Sexualität im Vordergrund steht, sondern dass sexuelle Handlungen zur Befriedigung eigener Bedürfnisse genutzt werden (z. B. die Ausübung von Macht und Kontrolle) und hierbei sexuelle Handlungen als Mittel zum Zweck zur Ausübung von Gewalt dienen.

Bislang gibt es keine einheitliche Definition von sexualisierter Gewalt. In den meisten Definitionen wird übereinstimmend festgelegt, dass sexualisierte Übergriffe vorwiegend gegen den Willen der Betroffenen erfolgen und ein Gefälle zwischen Betroffenen und Täter:innen im Hinblick auf Alter, Reife oder Macht aufzeigen (Goodyear-Brown, 2011; Enfer, 2016). Bei der Alltagsverwendung des Begriffs sexualisierte Gewalt besteht häufig das Missverständnis, dass es sich hierbei immer um körperliche Gewalt handelt (Goldbeck et al., 2017). Bei minderjährigen Personen versteht man darunter jegliche sexuellen Handlungen, die durch Erwachsene oder Jugendliche an anderen Personen vorgenommen werden. Hierunter werden zum einen Handlungen ohne direkten Körperkontakt (*Hands-off-Taten*), wie die Einbindung in die Produktion und Veröffentlichung pornografischen Materials, Voyeurismus oder Exhibitionismus verstanden. Andererseits zählen dazu auch Handlungen mit direktem Körperkontakt wie Berührungen bis hin zu oralen, vaginalen oder analen Penetrationen (*Hands-on-Taten*; Goldbeck et al., 2017).

9.2 Prävalenz sexualisierter Gewalt

Die internationale Prävalenz von sexualisierter Gewalt im Kindes- und Jugendalter laut einer Meta-Analyse mit 31 Stichproben liegt bei 11.8 % (Stoltenborgh et al., 2011) mit einem deutlichen Geschlechtsunterschied. Mädchen sind mit einer Prävalenz von 18 % deutlich häufiger betroffen als Jungen mit einer Prävalenz von 7.6 % (Stoltenborgh et al., 2015). Eine weitere Metaanalyse findet Prävalenzraten zwischen 8 % und 31 % für Mädchen und 3 % und 17 % für Jungen (Barth et al., 2013). Betrachtet man in Deutschland die gesamte Lebensspanne, findet sich eine Lebenszeitprävalenz für sexualisierte Gewalt von 40.8 % bei Frauen und 13.2 % für Männer (Brunner et al., 2021). Spezifisch bei Kindern und Jugendlichen liegt die Prävalenz von mindestens einem Erlebnis sexualisierter Gewalt in einer repräsentativen Stichprobe von 14- bis 25-jährigen Jugendlichen und Erwachsenen bei 18 % für weibliche Befragte und 5 % bei männlichen Befragten. Sexualisierte Gewalt in der Kindheit in Deutschland (»sexueller Missbrauch«) wird mit einer Prävalenz von 7.1 % mit einem Geschlechterverhältnis von 8.1 % für Mädchen und 5.9 % für Jungen ermittelt (Witt et al., 2017). Im Kontext nicht mit körperlicher Gewalt assoziierte sexualisierte Gewalt berichten 54 % der Jugendlichen von Erfahrungen (Hands-off-Taten) mit einem nahezu ausgeglichenen Geschlechterverhältnis mit 56 % aller weiblichen Befragten und 53% aller männlichen Befragten (Erkens, Scharmanski & Heßling, 2021). In der deutschen Kriminalstatistik wurden im Jahr 2022 15.520 Fälle von sexualisierter Gewalt im Kindesalter erfasst, dies sind 48 betroffene Kinder pro Tag (Bundeskriminalamt, 2021). Hierunter fallen jedoch lediglich die polizeilich angezeigten Vorfälle. Die Dunkelziffer scheint nach aktuellen Schätzungen noch deutlich höher zu liegen, sodass derzeit von ein bis zwei Kindern pro Schulklasse ausgegangen wird, die schon einmal sexualisierte Gewalt erlebt haben (Bundeskriminalamt, 2021). Auch in epidemiologischen Studien zur Erfassung von Prävalenzen sexualisierter Gewalt zeigt sich insgesamt eine Heterogenität von Prävalenzzahlen durch unterschiedliche Definitionen von sexualisierter Gewalt sowie auch die hohen Barrieren bei der Offenlegung sexualisierter Gewalt. Seitens der Täter:innen stammen diese zu einem Hauptteil aus dem Familien-, Freundes- und Bekanntenkreis, das heißt aus dem nahem Umfeld von Betroffenen (Finkelhor et al., 2014; Müller et al., 2004; Stadler et al., 2012; Tjaden & Thoennes, 2006). Bei Mädchen findet sexualisierte Gewalt meist innerhalb der Familie statt, bei Jungen häufig außerhalb der Familie. In 80–90% der Fälle sexualisierter Gewalt sind die Täter unabhängig vom Geschlecht der Betroffenen männlich (Lampe, 2002). Kinder und Jugendliche mit Fluchthintergrund sind eine weitere spezifische Risikogruppe mit einer hohen Prävalenz für sexualisierte Gewalt, und zwar sowohl in ihrem Heimatland, während der Flucht aber auch im Zielland (DeSchrijver et al., 2018).

9.3 Psychische Folgen sexualisierter Gewalt

Die Folgen sexualisierter Gewalt bei Kindern und Jugendlichen hängen von vielen Faktoren ab, zum Beispiel von der Häufigkeit der Tat(en), dem Ausmaß der Tat(en) und auch dem Grad der Vertrautheit zwischen Betroffenen und Täter:innen sowie der Zeit, die Betroffene ohne Hilfe bleiben (Felliti et al., 2008; Cloitre et al., 2009). Das Erleben von sexualisierter Gewalt im Kindes- und Jugendalter ist mit einer Beeinträchtigung einer altersgerechten Entwicklung (Freyd et al., 2005) und schweren psychischen Folgen assoziiert, unter anderem der Entwicklung von psychischen Störungen, insbesondere der Posttraumatischen Belastungsstörung sowie depressiven Störungen (Dworkin, 2020), aber auch Angststörungen, Substanzkonsumstörungen, Essstörungen, dissoziative Störungen und Suizidalität (Alix, 2017; Chen et al., 2010; Dube et al., 2005; Dworkin, 2020; Fávero et al., 2021; Freyd et al., 2005; Paolucci & Violato, 2001). Zu einer komplexen Posttraumatischen Belastungsstörung kann es kommen, wenn die sexualisierte Gewalterfahrung besonders schwerwiegend und langanhaltend war (Maercker et al., 2013). Im ICD-11 beinhaltet die komplexe PTBS alle Symptome der klassischen PTBS sowie zusätzlich persistierende Emotionsregulationsprobleme, ein negatives Selbstkonzept und Probleme in zwischenmenschlichen Beziehungen und ist oft mit sexualisierter Gewalt in der Kindheit assoziiert (Cloitre et al., 2013; Maercker et al., 2013). Betroffene haben Schwierigkeiten enge soziale und intime Beziehungen einzugehen (Rothman et al., 2021; Brewin et al., 2000; Dube et al., 2005). Sie berichten Ängste vor sexuellen Aktivitäten (Jozkowski & Sanders, 2012) sowie eine generell niedrigere Beziehungszufriedenheit (Georgia et al., 2018, Wilson, 2010), Aggression in der Partnerschaft und häufigere Partner:innenwechsel (Almuneef, 2018; Feiring et al., 2009). Dies nimmt weiterhin die Möglichkeit der Aktivierung von Ressourcen (z. B. soziale Unterstützung), die als Schutzfaktor für die Bewältigung bekannt ist (Hébert et al., 2021). Bei Betroffenen zeigen sich häufig ein sehr niedriges Selbstwertgefühl, Scham und Schuldgefühle (Feiring et al., 2010), die dazu beitragen, dass die Tat oder Taten geheim gehalten werden (Kennedy & Prock, 2018; Münzer et al., 2015; Schönbucher et al., 2012). Damit zusammenhängend ist die Geheimhaltung ein spezifischer Risikofaktor für Reviktimisierung, das heißt, erneut Opfer von sexualisierter Gewalt zu werden (Goodman-Brown et al., 2003). In einer Meta-Analyse zeigte sich nach sexualisierter Gewalt in der Kindheit eine Reviktimisierungsrate von fast 50 % (Walker et al., 2017), andere Studien finden ein drei-bis fünffach erhöhtes Risiko der Reviktimisierung bei Frauen, die sexualisierte Gewalt in der Kindheit erlebt haben, im Vergleich zu Frauen, die dies nicht erlebt haben (Classen et al., 2005; Messman-Moore & Long, 2003). Eine frühzeitige Unterstützung und Versorgung von Betroffenen ist hierbei wichtig, um weiteren langfristigen Folgen auch von der Nichtbehandlung psychischer Störungen (z. B. Chronifizierung, Entwicklung weiterer psychischer Störungen, Schulabbruch) entgegenzuwirken. So ist beispielsweise bei der Posttraumatischen Belastungsstörung bei einer fehlenden therapeutischen Behandlung von einer hohen Chronifizierungsneigung auszugehen, was eine erfolgreiche Behandlung langfristig zusätzlich erschwert (Schützwohl & Maercker, 1999). Sexualisierte Gewalt hat auch Auswirkungen auf die somatische Gesundheit und geht mit einem erhöhten Risiko für chronische Erkrankungen wie Asthma, Diabetes, chronische kardiovaskuläre Erkrankungen, Chronic Fatigue Syndrom und auch mit Adipositas (Almuneef, 2018; Romans et al., 2002) einher. Neben Verletzungen wie Wunden oder Hämatomen finden sich auch häufig psychosomatische Beschwerden wie Kopfschmerzen, Übelkeit, Magen-Darm-Störungen und Störungen im Genitalbereich als unmittelbare Folgen von sexualisierter Gewalt (Vyssoki & Schürmann-Emanuely, 2008, Cicchetti & Toth, 2005; Vézina-Gagnon et al., 2018). Zuletzt entstehen durch sexualisierte Gewalt auch ökonomisch gesellschaftlich hohe Kosten. Nach Schätzung der *Deutschen Traumafolgekostenstudie* in Deutschland belaufen sich die Kosten auf 11.0 Mrd. Euro jährlich (Habetha et al., 2012). Direkte Kosten entstehen z. B. durch die Justiz und die medizinische Versorgung von Betroffenen (Pawils et al., 2017). Indirekte Kosten entstehen aufgrund erhöhter Krankheitsfälle und Arbeitsunfähigkeit (Fang et al., 2012; Loya, 2015). Durch die physische und psychische Belastung können die Anforderungen von Schule, Ausbildung oder beruflicher Tätigkeit oft nicht erfüllt werden. Zusammenfassend lässt sich festhalten, dass die Folgen sexualisierter Gewalt komplex, schwerwiegend und multifaktoriell sind.

9.4 Offenbarung sexualisierter Gewalterfahrungen und Inanspruchnahme von Hilfe

Obwohl die Folgen von sexualisierter Gewalt schwerwiegend sind, gibt es hohe Barrieren bei der Offenbarung sexualisierter Gewalt und zum hilfesuchenden Verhalten. Hierbei ist die Offenbarung der Betroffenheit von sexualisierter Gewalt nicht auf ein Ereignis begrenzt, sondern oft ein lebenslanger Prozess im Kontakt mit anderen Menschen. In einer Befragung zu Erfahrungen sexualisierter Gewalt gaben 25 % der Betroffenen im Alter von 14–25 Jahren an, dass sie die sexualisierte Gewalt noch niemandem offenbart haben (Erkens et al., 2021), 17 % gaben an, erst mehrere Jahre später einer Person davon erzählt zu haben. Bei Täter:innen aus dem nahen Umfeld ist die Wahrscheinlichkeit der Geheimhaltung noch höher (Erkens et al., 2021). Bei sexualisierter Gewalt in der Kindheit dauert die Offenbarung in 55–69 % der Fälle oft bis in das Erwachsenenalter (London et al., 2008; Smith et al., 2000). In einer weiblichen Erwachsenenstichprobe (Müller et al., 2004) gab nur etwa die Hälfte der befragten Frauen an, die sexualisierte Gewalt im nahen Umkreis offenbart zu haben. Verschiedene Faktoren sind ausschlaggebend für die Geheimhaltung sowie auch die Dauer der Geheimhaltung, dazu zählen die Schwere und Häufigkeit der Gewalt, die Nähe zu Täter oder Täterin sowie die familiäre Situation der Betroffenen (Arata, 1998; Priebe & Svedin, 2008; Kogan, 2004). Betroffene bevorzugen meistens informelle Quellen für eine Offenbarung. Insbesondere Kinder und Jugendliche bevorzugen Freund:innen als erste Ansprechpersonen bevor sie sich an Erwachsene wenden (Manay & Collin-Vézina, 2021, McElvaney, 2015, Schönbucher, 2012). Gerade einmal 7 % der weiblichen und 4 % der männlichen Teilnehmenden dieser Stichprobe wendeten sich an Autoritätspersonen oder die Polizei (Priebe & Svedin, 2008). Weitere häufige Ansprechpartner:innen sind die Mutter, andere Familienmitglieder oder auch der:die Partner: in (Ahrens et al., 2007; Münzer et al., 2016). Nur knapp 20 % der Betroffenen wendeten sich an formelle Hilfsangebote, wobei Ärzt:innen, Therapeut:innen und Sozialarbeiter:innen am häufigsten als Anlaufstelle gewählt wurden. Die Versorgungsangebote in Deutschland reichen von niedrigschwelligen psychosozialen Fachberatungsangeboten bis hin zu traumaspezifischen psychotherapeutischen Behandlungsmethoden (Pawils et al., 2017). Insgesamt zeigt sich eine sehr hohe Diskrepanz zwischen dem Bedarf und der tatsächlichen Inanspruchnahme (Ganser et al., 2016; Münzer et al., 2015). Die Offenbarung der sexualisierten Gewalterfahrung stellt einen essentiellen Schritt im Aufarbeitungs- und Genesungsprozess der Betroffenen dar und ist ebenfalls eine Voraussetzung für den Erhalt von Hilfe. In einer Stichprobe von Kindern und Jugendlichen mit sexualisierter Gewalterfahrung, welche die Störung für eine Diagnose nach ICD-10 erfüllen, berichten 62 %, dass sie psychotherapeutische Hilfe in Anspruch genommen haben. Hierbei suchen Betroffene eher selten aufgrund der erlebten sexualisierten Gewalt Hilfe, sondern berichten häufig von Beschwerden, die von ihnen nicht in Verbindung mit sexualisierter Gewalterfahrung gebracht werden (Pawils et al., 2017). Die Geheimhaltung selbst kann hierbei zu einer weiteren hohen Belastung beitragen. Betroffene, die das Erlebte verheimlichen, weisen im Durchschnitt mehr psychische Symptome auf im Vergleich zu Betroffenen, die die Gewalterfahrung offenbaren (Priebe & Svedin, 2008), und leiden länger unter den Folgen (Alaggia et al., 2019). Die Erfahrung mit den Personen, denen Betroffene zuerst von dem Erlebten berichten, entscheidet dabei maßgeblich über die weitere Offenlegung sowie den Zugang zu formaler Hilfe (Fehler-Cabral & Campbell, 2013).

Gut zu wissen: Selbstoffenbarung ist ein lebenslanger und kontinuierlicher Prozess. Treffen Menschen auf neue Kontakte, ist es oft jedes Mal aufs Neue eine Abwägung, ob das Gegenüber für eine Selbstoffenbarung ein guter Kontakt ist. Dabei werden auch Vorteile und Risiken reflektiert. Dies kann die Offenbarung der sexualisierten Gewalt betreffen, aber auch andere Umstände im Zusammenhang mit der Gewalt (Diagnose einer psychischen Störung, Kontaktabbruch zur Familie).

9.5 Barrieren und Unterstützungsfaktoren bei der Offenbarung und hilfesuchendem Verhalten nach sexualisierter Gewalterfahrung

Die Barrieren bei der Offenbarung und hilfesuchendem Verhalten nach sexualisierter Gewalterfahrung sind vor dem Hintergrund einer systemischen Perspektive unter Einbezug von historischen, kulturellen und gesellschaftlichen Aspekten zu betrachten. Vor dem Hintergrund der schwerwiegenden Folgen von sexualisierter Gewalt, der geringen Offenbarungsrate und geringer Inanspruchnahme von Hilfe bei Betroffenen scheint die Erfassung von spezifischen Barrieren bei der Offenbarung von sexualisierter Gewalt hoch relevant. In einem systematischen Review zu Barrieren und unterstützenden Faktoren bei der Offenbarung von sexualisierter Gewalt in der Kindheit (Abdul Latiff et al., 2024) waren vor allem eine kognitive Beeinträchtigung, eine vermeidende Bewältigung des Erlebten, eine Beziehung mit dem Täter, das Erleben häuslicher Gewalt und die Zugehörigkeit zu einer ethnischen Minderheit Barrieren bei der Offenbarung. Als Faktoren, die eine Offenbarung erleichtern, wurden ein höheres Alter, weibliches Geschlecht und kulturelle Anpassung gefunden. Weiterhin war es auch hilfreich, wenn die sexualisierte Gewalt noch nicht lange zurückliegt, wenn sie außerhalb des Familienumfeldes passiert, wenn sich die Betroffenen gewehrt haben und wenn mit den Bezugspersonen eine gewaltfreie Beziehung herrscht (d. h., diese auch keine Täter:innen sind).Insgesamt ist das Zusammenwirken der Faktoren allerdings komplex und es bedarf einer Einordnung in ein sozioökologisches Modell mit der Berücksichtigung verschiedener kausaler Ebenen. In einer qualitativen Studie wurde anhand einer Stichprobe von 68 Betroffenen von sexualisierter Gewalt in der Kindheit ein ökologisches Modell zur Klassifizierung von Barrieren bei Betroffenen erstellt. Hierbei kann zwischen gesellschaftlichen, interpersonellen und intrapersonellen Barrieren unterschieden werden (Collin-Vézina et al., 2015).

9.5.1 Gesellschaftliche Barrieren

Bei gesellschaftlichen Barrieren handelt es sich um soziale und kulturelle Einstellungen, die die Offenlegung beeinflussen (Tener & Murphy, 2015). Im ökologischen Modell von Collin-Vézina und Kolleg:innen (2015) werden innerhalb der gesellschaftlichen Barrieren zwischen Stigmatisierung (*Labeling*), Tabuisierung von Sexualität, einem Mangel an Hilfsangeboten sowie zeitspezifischen kulturellen Aspekten unterschieden.

9.5.1.1 Stigmatisierung von Betroffenen sexualisierter Gewalt

Zu den möglichen negativen Reaktionen auf die Offenlegung zählt die Stigmatisierung von Betroffenen (Dworkin et al., 2019), aber auch das wahrgenommene öffentliche Stigma. Die Angst vor Stigmatisierung ist eine Hauptbarriere bei der Offenbarung sexualisierter Gewalt (Sabina & Ho, 2014; Stoner & Cramer, 2019). Hierbei kann eine Stigmatisierung auf mehreren Ebenen erfolgen oder befürchtet werden, z. B. eine Stigmatisierung im Falle der Diagnose einer psychischen Störung, Stigmatisierung in Bezug auf Familienumstände oder auch Stigmatisierung spezifisch in Bezug auf die erlebte sexualisierte Gewalt. Im Zusammenhang mit sexualisierter Gewalterfahrung wirkt sich Stigmatisierung negativ auf das Hilfesuchverhalten aus und ist mit geringeren Bewältigungsstrategien (Kennedy et al., 2012) und sozialer Isolation (Kennedy et al., 2018) verbunden. Stigmatisierung vermittelt auch den Zusammenhang zwischen der sexualisierten Gewalterfahrung und der PTBS (Deitz et al., 2015). Auch bei Kindern und Jugendlichen wirkt sich das Vorhandensein von missbrauchsbezogenen stigmatisierenden Einstellungen auf die Schwere von PTBS-Symptomen aus und ist mit eher vermeidenden und weniger funktionalen Copingstrategien assoziiert, die wiederum weiterhin mit stärkeren PTBS-Symptomen, mehr dissoziativen und depressiven Symptomen verbunden sind (Simon et al., 2016). Die Angst vor Stigmatisierung ist ebenfalls mit einem höheren Risiko von Reviktimisierung verbunden (Miller et al., 2011).

Eine spezifische Form der Stigmatisierung sind Schuldzuweisungen oder Täter-Opfer-Umkehr, welche Betroffene sexualisierter Gewalt gesellschaftlich häufig erfahren (Ahrens et al., 2009; Ahrens & Aldana, 2012; Greeson et al., 2016). Täter-Opfer-Umkehr (*victim-blaming*) hat hierbei das Ziel, Täter:innen zu entlasten und verortet die Schuld oder Teile der Schuld bei Betroffenen (z. B. Schuldzuweisung durch eine bestimmte Kleidung oder durch Alkoholkonsum). Diese Täter-Opfer-Umkehr stellt einen typischen Vergewaltigungsmythos dar (Suarez & Gadalla, 2010) und signalisiert Betroffenen, dass diese die Verantwortung für das Erlebte tragen würden, dieses hätten verhindern können oder nicht vorsichtig genug gehandelt hätten. Des Weiteren erleben manche Betroffene eine Bagatellisierung, indem die Gewalterfahrung nicht ernstgenommen oder verharmlost wird (Dworkin et al., 2019; Tener & Murphy, 2015).

9.5 Barrieren und Unterstützungsfaktoren bei der Offenbarung sex. Gewalterfahrung

Definition Vergewaltigungsmythen
Die Täter-Opfer-Umkehr ist eng mit Mythen zur sexualisierten Gewalt/Vergewaltigungsmythen verbunden (Frese et al., 2004; Mason et al., 2004; Sleath & Bull, 2010). Vergewaltigungsmythen sind eine spezifische Form von Stigmatisierung sexualisierter Gewalt, die als Vorurteile, Stereotype oder falsche Ansichten bezüglich sexualisierter Gewalt definiert sind. Diese beziehen sich sowohl auf Täter:innen als auch auf Betroffene (Burt, 1980).

Anwendungsbeispiel: Mythen sexualisierter Gewalt

Die 16-jährige L. ist mit ihren Freundinnen auf den Geburtstag eines Mitschülers (M.) eingeladen. Der Mitschüler gehört lose zum Freundeskreis. Da Partys nach der Corona-Pandemie selten sind, gibt es innerhalb der Klasse eine große Vorfreude auf die Party. Der Abend verläuft gut, ab Mitternacht löst sich die Party langsam auf und auch viele von L.'s Freundinnen gehen nach Hause. L. versteht sich gut mit dem Gastgeber und sie kommen in ein längeres Gespräch. M. sagt, dass es im Partyraum sehr laut sei und fragt L., ob sie nicht in ein Nebenzimmer möchte, damit sie sich besser unterhalten könne. Sie stimmt zu. Im Nebenzimmer fängt M. nach einem ersten Anknüpfen an die Unterhaltung an, L. anzufassen. Sie zieht zurück und schlägt vor, wieder in den großen Raum zu den anderen zu gehen. Er wird zudringlicher und versucht, sie zum Sex zu überreden. L. fühlt sich wie erstarrt und hat das Gefühl, sie schaut sich von oben zu, wie er sie weiter anfasst. M. vergewaltigt L. Am nächsten Tag fühlt sich L. wie betäubt und hat das Bedürfnis mit jemanden darüber zu reden. Sie ruft eine Freundin an und trifft sich mit ihr. Die Freundin reagiert auf das Erzählen der Vergewaltigung verhalten. Sie fragt, ob sich L. sicher sei, dass sie es nicht doch gewollt habe. Immerhin sei sie mit M. allein ins Nebenzimmer und es habe so ausgesehen, als hätten sie miteinander geflirtet. Sie wirft ein, dass L. auch nicht wenig Alkohol getrunken hätte. Sie kenne den Mitschüler auch und könne sich eigentlich nicht vorstellen, dass er sowas getan hätte. Sie fragt, ob es nicht ein Missverständnis gewesen sein könne, immerhin habe sich L. auch extra für die Party gestylt mit der Hoffnung, dort vielleicht jemanden kennen zu lernen. Als L. auf Nachfrage berichtet, dass sie den Mitschüler nicht weggeschubst habe und stumm gewesen sei, sieht die Freundin die Verantwortung bei L. Sie fragt, ob es sein könne, dass es L. unangenehm sei, auf einer Party Sex zu haben und dies nun als Entschuldigung nehme. Ob ihr bewusst sei, dass dieser Vorwurf dem Mitschüler sehr schaden könne. L. ist verwirrt, verunsichert und beschließt im weiteren Verlauf die Vergewaltigung geheim zu halten. Sie schämt sich und macht sich große Vorwürfe, mit ins Nebenzimmer gegangen zu sein, Alkohol getrunken zu haben und ihn nicht weggestoßen und laut geschrien zu haben.

In diesem Fallbeispiel werden Mythen zur sexualisierten Gewalt angewendet und internalisiert:

- Der Mythos, dass der Konsum von Alkohol und eine bestimmte Art der Kleidung eine Teilschuld bei Betroffenen oder eine Entlastung für Täter:innen darstellt.
- Der Mythos, dass eine Nicht-Zustimmung oder Ablehnung immer mit einer starken körperlichen Reaktion einhergeht (z. B. Wegstoßen, Schreien).
- Der Mythos, dass Täter:innen nicht sympathisch oder nahbar sind (»Bei dieser Person kann ich mir das gar nicht vorstellen«).
- Der Mythos der Manipulation auf Betroffenenseite.
- Der Mythos, dass ein vorangegangenes Flirten oder eine Offenheit im Kontakt eine Zustimmung für sexuelle Handlungen darstellt.

Die Zustimmung zu Mythen sexualisierter Gewalt mindert die Wahrscheinlichkeit, diese als Gewalterfahrung anzuerkennen (LeMaire et al., 2016) und sich Hilfe zu suchen (Littleton & Henderson, 2009). Durch solche Mythen kann die Überzeugung entstehen, dass es sich bei dem Erlebten nicht um sexualisierte Gewalt handle (Ahrens, 2006) oder dass die Offenlegung durch die Inkongruenz zu den Erwartungen nicht legitimiert sei (Tener & Murphy, 2015). Mythen von sexualisierter Gewalt unterscheiden sich zum Teil darin, ob die Betroffenen männlich oder weiblich sind. Auf Täterseite wird häufig auch der Mythos eines unkontrollierten männlichen Sexualtriebes als Rechtfertigung für sexualisierte Gewalt verbreitet (McMahon & Farmer, 2011). Bei männlichen Betroffenen bestehen häufig Mythen zur sexuellen Orientierung, mangelnde Widerstandsfähigkeit oder mangelnde *Männlichkeit*, die hier nach patriarchischem Rollenbild definiert ist, sowie ein Genuss der Tat (Melanson, 1998) im Vordergrund. Bei weiblichen Betroffenen wiederum stehen häufig Mythen über die Verantwortlichkeit eines Übergriffes und damit zusammenhängende Verhaltensweisen, Lügen über die Tat oder manipulatives Verhalten sowie mangelnde Gegenwehr oder Alkoholkonsum als Entlastung für eine Täterschuld und Schuldzuweisung auf Betroffenenseite.

In Jugendlichenstichproben sind Vergewaltigungsmythen noch wenig untersucht, es gibt aber Befunde, dass Jugendliche mit höherer Zustimmung von Vergewaltigungsmythen eher zu einer Täter-Opfer-Umkehr neigen und eine Vergewaltigung nicht als solche einordnen (Lichty & Gowen, 2021).

9.5.1.2 Tabuisierung von Sexualität

Eine mangelnde Thematisierung von gesunder Sexualität und dazugehörigen Grenzen in der Gesellschaft, in Schulen und auch zu Hause wird von Betroffenen als Barriere bei der Offenbarung berichtet (Collin-Vézina et al., 2015). Zum einen fehle eine Einschätzung von Normalität und Gewalt und auch ein Wortschatz, um gewaltvolles Verhalten und Missbrauch der Beziehung auszudrücken. Verbunden mit der Tabuisierung von Sexualität ist auch ein assoziiertes Schamgefühl, welches als spezifischer Faktor für die Geheimhaltung der Taten wirkt. Insgesamt wünschen sich Betroffene mehr Aufklärung über Sexualität sowie auch eine Enttabuisierung von Sexualität, die es erleichtert, im Falle von Gewalt sich leichter mitzuteilen und auch Worte für das Erlebte zu finden. Auf der anderen Seite gibt es allerdings auch Hinweise, dass weder eltern- noch schulbasierte Aufklärung über Sexualität die

Wahrscheinlichkeit für eine Offenbarung von sexualisierter Gewalt in der Kindheit erhöhen (Rudolph et al., 2022). Ein Grund könnte hierbei sein, dass bei sexualisierter Gewalt in der Kindheit Täter:innen häufig aus dem nahem Umfeld stammen und hier eher interpersonelle Mechanismen als Barrieren bei der Offenbarung wirken (Collin-Vézina et al., 2015).

9.5.1.3 Mangel an Hilfsangeboten

Die Verfügbarkeit traumaspezifischer Angebote zur sexualisierten Gewalt, z. B. von Traumaambulanzen oder Fachberatungsstellen, ist in Deutschland noch ungenügend (Bentz et al., 2021). Ein weiteres Problem ist auch eine oft mangelnde Finanzierung von Hilfsangeboten, bei denen ein nicht unerheblicher Teil durch die Einwerbung von Spendengeldern getragen wird. Im Bereich der psychotherapeutischen Behandlung verfügen nur 10–15 % der approbierten Kinder- und Jugendtherapeuten über traumaspezifische Fortbildungen, dadurch ist der Zugang zu einer traumaspezifischen Psychotherapie für Kinder und Jugendliche oft erschwert (Münzer et al., 2015). Hinzukommen des Weiteren auch oft Barrieren für eine evidenzbasierte traumafokussierte Behandlung, die mit der Gefahr einer Verstärkung von bestehenden Folgen sexualisierter Gewalt einhergehen (Herzog et al., 2023).

9.5.1.4 Zeitspezifische kulturelle Aspekte

Im Erwachsenenalter berichten Betroffene, dass es zu der Zeit, in der die sexualisierte Gewalt stattfand, wenig Bewusstsein für das Thema gab und dies auch daran hinderte, sich zu offenbaren (Collin-Vézina et al., 2015). Kulturelle Aspekte formen hier auch Definitionen von Normalität und Abweichung von der Normalität. Diese haben einen großen Einfluss auf die Einordnung von sexuellen Handlungen als Gewalt und den Umgang mit sexualisierter Gewalt (Kaira & Bughra, 2013). So sind zum Beispiel in Deutschland erst seit 1997 Vergewaltigungen in der Ehe strafbar, eine Gesetzesänderung, der eine emotional hoch aufgeladene Debatte vorausging (Wissenschaftliche Dienste Deutscher Bundestag, 2008). 2016 wurde das Sexualstrafrecht dahingehend geändert (Deutsches Institut für Menschenrechte, 2016), dass jede sexuelle Handlung gegen den »erkennbaren Willen« eines Dritten unter Strafe fällt (»Nein heißt Nein«). Auf gesellschaftlicher und kultureller Ebene sind patriarchische Machtstrukturen und Rollenbilder zu nennen, die untrennbar verbunden sind mit Mythen über sexualisierte Gewalt. Betrachtet man die hohe Prävalenz von erlebter sexualisierter Gewalt bei weiblichen Betroffenen auf der einen Seite und die hohe Prävalenz männlicher Täterschaft auf der anderen Seite, liegt eine der Ursachen für spezifische Barrieren in patriarchischen gesellschaftlichen Strukturen. Patriarchalismus ist ein soziologischer und politikwissenschaftlicher Begriff, der eine bestimmte Form männlicher Herrschaft, die Institutionalisierung männlicher Macht und damit die Eigenarten einer hierarchischen Geschlechterbeziehung beschreibt und analysiert (Gerhard, 2019). Vergewaltigung wird hierbei als psychologische Erweiterung einer männlich dominanten und weiblich submissiven stereotypen Geschlechterrolle angesehen sowie als Resultat von misogyn vorherrschenden kulturellen Einstellungen (Burt, 1980). In einer Meta-Analyse zeigt sich gesellschaftlich, dass Mythen sexualisierter Gewalt zudem eng mit weiteren diskriminierenden Einstellungen wie Rassismus, Sexismus, Klassismus, Altersdiskriminierung und religiöser Intoleranz assoziiert sind (Suarez & Gadalla, 2010).

9.5.2 Interpersonelle Barrieren

Interpersonelle Faktoren sind Barrieren, die im Zusammenhang mit anderen Personen stehen. Der Kontakt kann informell oder formell bestehen und die Personen können sowohl aus dem nahen als auch entfernteren Kreis kommen. In dem Rahmenmodell von Collin-Vézina und Kolleg:innen (2015) wird zwischen Gewalt und dysfunktionalen Prozessen innerhalb einer Familie, Machtdynamiken, Bewusstsein der Relevanz der Offenbarung und einem fragilen sozialen Netzwerk als Barrieren bei der Offenbarung sexualisierter Gewalt unterschieden.

9.5.2.1 Gewalt und dysfunktionale Prozesse innerhalb einer Familie

Die frühzeitige Offenbarungswahrscheinlichkeit ist umso geringer, je größer die Nähe zu Täter:innen ist (Arata, 1998; Priebe & Svedin, 2008; Kogan, 2004). Gerade in der Familie sind spezifische Aspekte und Dynamiken zu berücksichtigen. Insbesondere Kinder, die innerhalb der Familie sexualisierte Gewalt erleben, vermeiden es eher, über ihre Erfahrungen zu berichten, im Vergleich zu Kindern, die sexualisierte Gewalt außerhalb der Familie erlebt haben (Hershkowitz et al., 2005). Je jünger Kinder sind, desto größer sind die Abhängigkeit von Bezugspersonen und der Überlebensmechanismus, diese Bindung zu halten. Erste automatische Traumareaktionen sind Kampf, Flucht oder Erstarren (Katz et al, 2021). Bei Kindern und länger andauernder Gewalt findet sich auch häufig eine Reaktion der Unterwerfung. So ist es eine normale Reaktion, dass Kinder gegenüber Täter:innen auch Verhalten wie Umarmungen, Freude und gemeinsames Spiel zeigen. Je jünger Betroffene sind, desto weniger können sie in der Regel die sexualisierte Gewalt oder andere Formen von Gewalt als solche identifizieren. Familien, in denen sexualisierte Gewalt ausgeübt wird, zeichnen sich häufig durch rigide familiäre Außengrenzen sowie soziale Isolation aus. Neben der Bedrohung des Bindungsverlustes gibt es auch aktive Bedrohungen, Einschüchterung, Abwertung der Persönlichkeit, Anwendung von Mythen zur Geheimhaltung der sexualisierten Gewalt. Neben Täter:innen, die die sexualisierte Gewalt ausüben, spielen in der Regel auch weitere Familienmitglieder eine wichtige Rolle in der Aufrechterhaltung und Geheimhaltung der sexualisierten Gewalt. Dies kann von aktivem Mitwissen, Decken der Gewalt, Leugnung bis zur geringen emotionalen Verfügbarkeit gegenüber dem Kind bestehen. Bei Betroffenen bestehen bei sexualisierter Gewalt innerhalb der Familie Ängste, zusätzlich zu den Täter:innen weitere Familienmitglieder zu verlieren, die häufig mit Strategien einhergehen, die sexualisierte Gewalt zu bagatellisieren (Crowley & Seery, 2001). Tatsächlich gibt es auch Befunde, dass die Offenbarung innerhalb der Familie in dem Kontext häufig negativ ausfällt (Crowley & Seery, 2001; Somer &

Szwarcberg, 2001). Befürchtungen, den Kontakt zu weiteren Familienmitgliedern zu verlieren, bewahrheiten sich oft, wenn es innerhalb der Familie eine Loyalität Täter:innen gegenüber gibt. Eine größere Nähe zu Täter:innen im Rahmen sexualisierter Gewalt geht auch mit einer höheren Wahrscheinlichkeit von dissoziativen Symptomen einher (Schultz et al., 2003).

9.5.2.2 Machtdynamiken

Machtdynamiken innerhalb von Familien, spielen auch in Beziehung zu Täter:innen außerhalb der Familie eine wichtige Rolle als Barriere bei der Offenlegung. Betroffene sexualisierter Gewalt berichten von Manipulation und Drohung, die sie von einer Offenbarung abgehalten haben (Collin-Vézina et al., 2015) Die Manipulation reichte von Komplimenten und Zuwendung in einer Situation, in der Betroffene als Kind sozial isoliert und sehr belastest waren, bis hin zu expliziten Drohungen (Tötung oder Verletzung von nahen Bezugspersonen oder Schaden von anderen Personen, z. B. durch Trennung der Familie, mangelnde finanzielle Versorgung oder psychische Schädigung eines Familienmitgliedes). In Bezug auf das Alter und den Entwicklungsstand von Kindern und Jugendlichen sind Hierarchien und Machtverhältnisse gegenüber Erwachsenen oder auch Jugendlichen eindeutig (Hershkowitz et al., 2005).

9.5.2.3 Angst vor den Auswirkungen der Offenbarung

Die Reaktionen des Umfeldes können den weiteren Hilfesuchprozess maßgeblich beeinflussen. In einer Metaanalyse zu Unterstützungsfaktoren der Offenlegung von erlebter sexualisierter Gewalt bei Kindern und Jugendlichen wurde vor allem der Kontakt zu vertrauenswürdigen Personen als der häufigste erleichternde Faktor identifiziert (Brennan & McElvaney, 2020). Nach erlebter sexualisierter Gewalt haben Kinder und Jugendliche häufig viele Ängste, die mit der Offenlegung im Zusammenhang stehen (Schaeffer et al., 2011). Beispielsweise haben sie Angst um die eigene Sicherheit, davor dass ihnen nicht geglaubt wird oder Angst, das Gegenüber zu stark zu belasten (Alaggia, 2005; Münzer et al., 2015). Die Akzeptanz von Vergewaltigungsmythen ist einer der relevantesten Faktoren, wenn es um die Beschuldigung von Betroffenen sexualisierter Gewalt geht (Heath et al., 2011; Romero-Sánchez et al., 2018). Eine hohe Akzeptanz von Vergewaltigungsmythen geht mit mehr negativen und weniger positiven sozialen Reaktionen (u. a. auch Unterstützung im Hilfesuchprozess) gegenüber Betroffenen von sexualisierter Gewalt einher (Rich et al., 2021). Durch solche Mythen kann die Überzeugung entstehen, dass es sich bei dem Erlebten nicht um sexualisierte Gewalt handle (Ahrens, 2006) oder dass die Offenlegung durch die Inkongruenz zu den durch die Mythen entstehenden Erwartungen nicht legitimiert sei (Tener & Murphy, 2015). In Bezug auf die Offenbarung spielen daher die Reaktionen von Personen, denen sich Betroffene initiiert oder ungewollt offenbaren, eine große Rolle für den weiteren Hilfesuchprozess (Lichty & Gowen, 2021): Stimmen diese den Mythen zu sexualisierter Gewalt zu und wenden diese im Offenbarungsgespräch an, kann eine weitere Offenbarung und somit Hilfesuchen verhindert werden. Diese Erfahrungen können sowohl im nahen Umfeld, aber auch im juristischen, medizinischen und psychosozialen Versorgungssystem sowie im Kontakt mit der Polizei auftreten. Sie werden als sekundäre Viktimisierung bezeichnet, die die Belastung von Betroffenen in der Regel zusätzlich weiter verstärkt (Campbell et al., 2001; Campbell et al., 2015). Betroffene sexualisierter Gewalt, welche von ihrem Umfeld unterstützt zu werden, gehen mit einer höheren Wahrscheinlichkeit zur Polizei (Paul et al., 2014) und suchen Zugang zu Beratung (Ahrens et al., 2007). Neben Ängsten vor den Reaktionen des Umfeldes bei einer Offenbarung werden auch Ängste vor den Auswirkungen der Offenbarung berichtet. Insbesondere Ängste vor Kontrollverlust, was mit den geteilten Informationen passiert, werden hier genannt. Dabei bestehen auch Ängste, dass ohne Einverständnis der Betroffenen Anzeige erstattet wird und sie keinerlei Einfluss auf den Prozess haben, der damit in Gang gesetzt wird.

9.5.2.4 Fragiles soziales Netzwerk

Ein gutes soziales Netzwerk und vertrauensvolle Ansprechpersonen zur Mitteilung sexualisierter Gewalt sind von hoher Wichtigkeit bei der Offenbarung. Viele Betroffene berichten, dass sie gerade in der Kindheit und Jugend sozial sehr isoliert waren und nicht wussten, wem sie sich anvertrauen könnten (Collin-Vézina et al., 2015). Neben der aktiven Offenbarung von Betroffenen ist das soziale Netzwerk, aber auch die Wahrnehmung und das Handeln von Personen im Umkreis von Betroffenen wichtig. Dies bedeutet eine Wahrnehmung des psychischen Gesundheitszustands der Betroffenen und die Herstellung eines Rahmens, der eine Offenbarung leichter macht und auch eine sichere Umgebung bietet (Brennan & McElvaney, 2020; Morrison et al., 2018). Nur wenige Betroffene werden aktiv nach (sexualisierter) Gewalt oder Auffälligkeiten im Zusammenhang mit sexualisierter Gewalt gefragt (Jensen, 2005). Im weiteren Hilfesuchprozess wünschen sich Jugendliche auch häufig Kontakt zu und einen Austausch mit anderen betroffenen Personen (Crisma et al., 2004).

9.5.3 Intrapersonelle Barrieren

Intrapersonelle Faktoren spiegeln die »inneren« Barrieren wider. Hierzu zählen emotionale Reaktionen auf den Missbrauch, das Bedürfnis sich selbst zu schützen und der Entwicklungsstand bzw. das Alter des Kindes (Collin-Vézina et al., 2015).

9.5.3.1 Selbstschutzmechanismen

Eine Selbstoffenbarung geht mit dem Risiko eines Kontrollverlustes einher. Auch wenn die Entscheidung sehr lange reflektiert wurde, können Betroffene die Reaktionen anderer nicht vorhersagen. Dies verursacht bei vielen Betroffenen Angst und Stress und führt häufiger zu einer Vermeidung der Offenbarung (Glover et al., 2010). Dazukommen Sorgen über die Einhaltung der Schweigepflicht oder die

Sicherung eines vertrauensvollen Umgangs mit den Informationen (Sabina & Ho, 2014). Somit dienen Ängste und vermeidendes Verhalten als weitere häufige Barrieren bei der Offenbarung (Lemaigre et al., 2017; Sorsoli et al., 2008). Hier werden insbesondere Ängste berichtet, dass am Wahrheitsgehalt der berichteten sexualisierten Gewalt gezweifelt werden könnte (Alaggia, 2010; Morrison et al., 2018). Manche Betroffene zweifeln an der Echtheit der Erinnerung oder Teilerinnerung und haben eine Ambivalenz in Bezug auf die Anerkennung der erlebten Gewalt (Dorahy & Clearwater, 2012; Sorsoli et al., 2008). Einige Betroffene berichten, dass sie versucht haben, das Erlebte so gut es ging zu verdrängen und eine vertiefte Auseinandersetzung erst bei Flashbacks und der Entwicklung von weiteren PTBS-Symptomen stattgefunden hat.

9.5.3.2 Entwicklungsstand/Alter zum Zeitpunkt der Tat

Da jüngere Kinder aufgrund ihres unausgereiften Entwicklungsstandes kognitiv nicht in der Lage sind, die sexuelle Gewalt als solche zu erkennen und dementsprechend keine konkreten Angaben machen können, erhöht sich die Wahrscheinlichkeit der Offenlegung mit dem Alter (Hershkowitz et al., 2005; Schaeffer et al., 2011). Betroffene berichten, dass ihnen die Worte für die Gewalt gefehlt haben sowie auch keine Strategien vorhanden waren, um sich mitzuteilen. Sie berichten eher von indirekten Strategien, psychische Belastung auszudrücken (z. B. aggressives Verhalten, sozialer Rückzug), die aber nicht als Hilferuf wahrgenommen wurden (Collin-Vézina et al, 2015).

9.5.3.3 Internalisierte Täter-Opfer-Umkehr und internalisiertes Stigma

In einem systematischen Review zu Barrieren und Unterstützungsfaktoren bei der Offenbarung von sexualisierter Gewalt wurde internalisiertes Stigma gegenüber Betroffenen mit sexualisierter Gewalterfahrung als Hauptbarriere und mit einer höheren Offenbarungslatenz identifiziert (Alaggia et al., 2019). Selbststigmatisierung in Verbindung mit sexualisierter Gewalt und ihren Folgen steht im Zusammenhang mit einer stärkeren Ausprägung von Symptomen und wirkt sich oft negativ auf den Genesungsprozess aus (Deitz at al., 2015). Die eigene Zustimmung zu Mythen sexualisierter Gewalt mindert die Wahrscheinlichkeit, diese als Gewalterfahrung anzuerkennen (LeMaire et al., 2016) und sich Hilfe zu suchen (Littleton & Henderson, 2009). Ein Erklärungsansatz ist die Theorie einer psychologischen »Pufferwirkung« (Bohner, 1998) im Sinne einer Übernahme von stigmatisierenden Einstellungen zur Stärkung eines subjektiven Kontrollerlebens. Durch die Vermeidung der in den Mythen verwendeten Vorwürfe, wie aufreizende Kleidung oder Alkoholkonsum, könnte das Risiko einer eigenen erneuten Betroffenheit geringer erscheinen, was zur psychologischen Entlastung im Hinblick auf verschiedene Ängste führen könnte (Bohner, 1998; Eyssel et al., 2006). So könnte hieraus die Vermutung abgeleitet werden, dass auch betroffene Personen selbst Vergewaltigungsmythen befürworten, um sich eine Erklärung der Ereignisse und eine psychologische Entlastung im Hinblick auf weitere potenzielle Gewalt zu schaffen. Empirisch überprüft ist diese Theorie allerdings noch nicht.

Eigenschuld-Attributionen und Scham

Im Zusammenhang mit internalisiertem Stigma werden auch Schuld und Scham als Barrieren bei der Offenbarung genannt (Simon et al., 2016). Im aktuellen Diagnostischen und Statistischen Manual für Psychische Störungen (DSM-5) sind negative emotionale Zustände wie das Empfinden von Schuld und Scham fester Bestandteil der Diagnosekriterien der PTBS, welche sich häufig nach dem Erleben sexualisierter Gewalt entwickeln kann (Creamer et al., 2001).

Schamgefühle infolge eines traumatischen Ereignisses beziehen sich insbesondere auf die Empfindung eines geringeren Selbstwertes, der moralischen Tugend oder persönlichen Integrität aufgrund der Verwicklung in unmoralisches Verhalten. Selbstbeschuldigung im Kontext traumatischer Erlebnisse bezieht sich auf das eigene konkrete Verhalten, was sich unter anderem in Selbstvorwürfen aufgrund der eigenen Verantwortung für das Erlebte äußert (Wilson et al., 2006). Bei Scham wird in Folge der sexualisierten Gewalt das gesamte Selbst negativ bewertet und häufig als ursächlich für die sexualisierte Gewalt angesehen (Feiring et al., 1996; Kubany & Watson, 2003).

Eigenschuld-Attributionen werden einem internalen Attributionsstil zugeordnet, bei dem die Taten auf eigene Eigenschaften oder Verhaltensweisen zurückgeführt werden. Internale Attributionsstile sind im Kontext von sexualisierter Gewalt mit einem verringerten Selbstwertgefühl sowie mehr Symptomen einer PTBS (Intrusionen, Vermeidung, Übererregung), depressiven Symptomen und suizidalen Gedanken sowie geringeren Copingstrategien assoziiert (Alix et al., 2017; Feiring & Cleland, 2007; Feiring & Taska, 2005; Frazier et al., 2005). Schuld wird ebenfalls als eine unangenehme Emotion definiert, die von der Überzeugung begleitet wird, dass man anders hätte handeln sollen (Kubany & Watson, 2003).

Scham und Schulderleben wirken hier spezifisch auf ein geringeres Hilfesuchverhalten. So sagte ein stärkeres Schamerleben nach erlebter sexualisierter Gewalt in einer studentischen Stichprobe weniger Hilfesuchverhalten vorher. Selbstbeschuldigung und Scham haben hierbei auch spezifische Auswirkungen auf die Psychopathologie. In einer Stichprobe von 14- bis 18-jährigen Jugendlichen, die sexualisierte Gewalt in der Kindheit erlebten (Alix et al., 2017), zeigte sich, dass Scham ein Mediator zwischen Schuld und Symptomen einer PTBS darstellt. Des Weiteren waren Scham und Schuld Prädiktoren für eine höhere Ausprägung von PTBS-Symptomen, depressiven Symptomen sowie Suizidgedanken und für eine geringe Anwendung funktionaler Copingstrategien. Scham und Schuld sind weiterhin Prädiktoren für eine geringere Resilienz, wohingegen die Schwere der Gewalt keinen Prädiktor darstellte (Feiring et al., 2002), und gehen mit der Verwendung von maladaptiven Bewältigungsstrategien wie Alkohol- und Drogenmissbrauch, aggressivem und sexualisiertem Verhalten sowie sozialem Rückzug einher (Filipas & Ullman, 2006).

Überprüfung der Lernziele

- Nennen Sie drei Folgen sexualisierter Gewalt.
- Nennen Sie jeweils zwei gesellschaftliche, interpersonelle und intrapersonelle Barrieren bei der Selbstoffenbarung von sexualisierter Gewalt.
- Welchen Personen vertrauen sich betroffene Jugendliche sexualisierter Gewalt besonders häufig an?
- Welche Umstände der sexualisierten Gewalt erschweren die Offenbarung?

Weiterführende Literatur

Collin-Vézina, D., De La Sablonnière-Griffin, M., Palmer, A. M., & Milne, L. (2015). A preliminary mapping of individual, relational, and social factors that impede disclosure of childhood sexual abuse. Child Abuse & Neglect, 43, 123–134. https://doi.org/10.1016/j.chiabu.2015.03.010

Tener, D., & Murphy, S. B. (2015). Adult disclosure of child sexual abuse: A literature review. Trauma, Violence, & Abuse, 16(4), 391–400. https://doi.org/10.1177/1524838014537906

Literatur

Abdul Latiff, M., Fang, L., Goh, D. A., & Tan, L. J. (2024). A systematic review of factors associated with disclosure of child sexual abuse. Child Abuse & Neglect, 147, 106564. https://doi.org/10.1016/j.chiabu.2023.106564

Abel, T., & Sommerhalder, K. (2015). Health literacy: An introduction to the concept and its measurement. In Bundesgesundheitsblatt – Gesundheitsforschung – Gesundheitsschutz, 58, 923–929. https://doi.org/10.1007/s00103-015-2198-2

Aguirre Velasco, A., Cruz, I. S. S., Billings, J., Jimenez, M., & Rowe, S. (2020). What are the barriers, facilitators and interventions targeting help-seeking behaviours for common mental health problems in adolescents? A systematic review. BMC Psychiatry, 20(1). https://doi.org/10.1186/s12888-020-02659-0

Ahrens, C. E. (2006). Being Silenced: The Impact of Negative Social Reactions on the Disclosure of Rape. American Journal of Community Psychology, 38(3–4), 263–274. https://doi.org/10.1007/s10464-006-9069-9

Ahrens, C. E., Campbell, R., Ternier-Thames, N. K., Wasco, S. M. & Sefl, T. (2007). Deciding whom to tell: Expectations and outcomes of rape survivors' first disclousures. Psychology of Women Quarterly, 31, 38–49.

Ahrens, C. E., & Aldana, E. (2012). The ties that bind: Understanding the impact of sexual assault disclosure on survivors' relationships with friends, family, and partners. Journal of Trauma & Dissociation: The Official Journal of the International Society for the Study of Dissociation (ISSD), 13(2), 226–243. https://doi.org/10.1080/15299732.2012.642738

Ajzen, I. (1991). The theory of planned behavior. Organizational Behavior and Human Decision Processes, 50(2), 179–211. https://doi.org/10.1016/0749-5978(91)90020-T

Alaggia, R. (2005). Disclosing the Trauma of Child Sexual Abuse: A Gender Analysis. Journal of Loss and Trauma, 10(5), 453–470. https://doi.org/10.1080/15325020500193895

Alaggia, R., Collin-Vézina, D., & Lateef, R. (2019). Facilitators and Barriers to Child Sexual Abuse (CSA) Disclosures: A Research Update (2000–2016). Trauma, Violence, & Abuse, 20(2), 260–283. https://doi.org/10.1177/1524838017697312

Alix, S., Cossette, L., Hébert, M., Cyr, M., & Frappier, J.-Y. (2017). Posttraumatic Stress Disorder and Suicidal Ideation Among Sexually Abused Adolescent Girls: The Mediating Role of Shame. Journal of Child Sexual Abuse, 26(2), 158–174. https://doi.org/10.1080/10538712.2017.1280577

Allen, K. A., Reupert, A., & Oades, L. (2021). Building better schools with evidence-based policy: Adaptable policy for teachers and school leaders. London: Taylor & Francis.

Almuneef, M. (2021). Long term consequences of child sexual abuse in Saudi Arabia: A report from national study. Child Abuse & Neglect, 116, 103967. https://doi.org/10.1016/j.chiabu.2019.03.003

Alonso, M., Guillén, A. I., & Muñoz, M. (2019). Interventions to Reduce Internalized Stigma in individuals with Mental Illness: A Systematic Review. The Spanish Journal of Psychology, 22, E27. https://doi.org/10.1017/sjp.2019.9

American Medical Association, A. H. C. O. T. C. O. S. A. (1999). Health literacy: report of the Council on Scientific Affairs. Jama, 281(6), 552–557.

Angermeyer, M. C., & Matschinger, H. (1997). Social distance towards the mentally ill: results of representative surveys in the Federal Republic of Germany. Psychological medicine, 27(1), 131–141. https://doi.org/10.1017/s0033291796004205

Angermeyer, M. C., & Matschinger, H. (2004). The stereotype of schizophrenia and its impact on discrimination against people with schizophrenia: results from a representative survey in Germany. Schizophrenia bulletin, 30(4), 1049–1061.

Angermeyer, M. C., Beck, M., Dietrich, S., & Holzinger, A. (2004). The stigma of mental illness: Patients' anticipations and experiences. The International Journal of Social Psychiatry, 50(2), 153–162. https://doi.org/10.1177/0020764004043115

Angermeyer, M. C., Heiß, S., Kirschenhofer, S., Ladinser, E., Löffler, W., Schulze, B., & Swiridoff, M. (2003). Die deutsche Version des Community-Attitudes-toward-the-Mentally-Ill (CAMI)-Inventars. Psychiatrische Praxis, 30(04), 202–206.

Appleyard, K., Egeland, B., van Dulmen, M.H.M., & Sroufe, L.A. (2005). When more is not better: The role of cumulative risk in child behavior outcomes. Journal of Child Psychology and Psychiatry, 46(3), 235–245.

Arata, C. M. (1998). To tell or not to tell: Current functioning of child sexual abuse survivors who disclosed their victimization. Child Maltreatment, 3(1), 63–71. https://doi.org/10.1177/1077559598003001006

Ashman, S. B., Dawson, G., & Panagiotides, H. (2008). Trajectories of maternal depression over 7 years: Relations with child psychophysiology and behavior and role of contextual risks. Development and psychopathology, 20(1), 55–77.

Ashman, S. B., Dawson, G., Panagiotides, H., Yamada, E., & Wilkinson, C.W. (2002). Stress hormone levels of children of depressed mothers. Development and Psychopathology, 14(2), 333–349.

Attygalle, U. R., Perera, H., & Jayamanne, B. D. W. (2017). Mental health literacy in adolescents: ability to recognise problems, helpful interventions and outcomes. Child and adolescent psychiatry and mental health, 11, 1–8.

Aydin, N., & Fritsch, K. (2015). Stigma und Stigmatisierung von psychischen Krankheiten. Psychotherapeut, 60(3), 245–257. https://doi.org/10.1007/s00278-015-0024-9

Bale, J., Grové, C. & Costello, S. (2018). A narrative literature review of child-focused mental health literacy attributes and scales. Mental Health & Prevention, 12, 26–35. https://doi.org/10.1016/j.mhp.2018.09.003

Ball, J. & Lohaus, A. (2010). Kindliche Krankheitskonzepte. Zeitschrift für Gesundheitspsychologie 18(1). https://doi.org/10.1026/0943-8149/a000002

Barth, J., Bermetz, L., Heim, E., Trelle, S., & Tonia, T. (2013). The current prevalence of child sexual abuse worldwide: A systematic review and meta-analysis. International Journal of Public Health, 58(3), 469–483. https://doi.org/10.1007/s00038-012-0426-1

Baumeister, A., Mantell, P. K., & Woopen, C. (2021). Gesundheitskompetenz im Kontext psychischer Erkrankungen: Konzeptanalyse, Forschungsstand, Interventionsansätze. In Gesundheitskompetenz (S. 1–11). Berlin, Heidelberg: Springer. https://doi.org/10.1007/978-3-662-62800-3_38-1

Bäuml, J., Pitschel-Walz, G., Bechdolf, A., Bergmann, F. & Buchkremer, G. (Hrsg.). (2008). Psychoedukation bei schizophrenen Erkrankungen. Konsensuspapier der Arbeitsgruppe »Psychoedukation bei schizophrenen Erkrankungen«; [+ CD-ROM mit Arbeitsmaterialien]; 64 Tabellen (2., erw. und aktualisierte Aufl.). Stuttgart: Schattauer.

Beardslee, W. R., Keller, M. B., Lavori, P. W., Staley, J. E., & Sacks, N. (1993). The impact of parental affective disorder on depression in offspring: A longitudinal follow-up in a non-referred sample. Journal of the American Academy of Child & Adolescent Psychiatry, 32(4), 723–730. https://doi.org/10.1097/00004583-199307000-00004

Beardslee, W. R. & Podorefsky, D. (1988). Resilient adolescents whose parents have serious affective and other psychiatric disorders: Importance of selfunderstanding and relationships. American Journal of Psychiatry, 145(1), 63–69.

Beardslee, W. R., Schultz, L. H., & Selman, R. L. (1987). Level of social-cognitive development, adaptive functioning, and DSM-III diagnoses in adolescent offspring of parents with affective disorders: Implications of the development of the capacity for mutuality. Developmental Psychology,23(6), 807–815.

Behrendt, B. & Krischke, N. R. (2005). Psychoedukative Interventionen und Patientenschulungen zur Förderung von Compliance, Coping und Empowerment. In B. Behrendt

(Hrsg.), Handbuch Psychoedukation & Selbstmanagement. Verhaltenstherapeutische Ansätze für die klinische Praxis (S. 15–29). Tübingen: Dgvt-Verlag.

Bentz, L., Kunz, M., Nowak, J., Alfier, C., Calvano, C., & Winter, S. M. (2021). Die diagnostische und therapeutische Versorgung von Kindern und Jugendlichen mit Gewalterfahrungen. Praxis Der Kinderpsychologie Und Kinderpsychiatrie, 70(1), 40–63. https://doi.org/10.13109/prkk.2021.70.1.40

Bibace, R. & Walsh, M. E. (1980). Development of children's concepts of illness. Pediatrics, 66(6), 912–917.

Bifulco, A., Moran, P.M., Ball, C., Jacobs, C., Baines, R., Bunn, A., et al. (2002). Childhood adversity, parental vulnerability and disorder: Examining intergenerational transmission of risk. Journal of Child Psychology and Psychiatry, 43(8), 1075–1086.

Birmaher, B., Axelson, D., Monk, K., Kalas, C., Goldstein, B., Hickey, M. B., et al. (2009). Lifetime psychiatric disorders in school-aged offspring of parents with bipolar disorder: The Pittsburgh Bipolar Offspring Study. Archives of General Psychiatry, 66(3), 287–296.

Bjørnsen, H. N., Eilertsen, M. E. B., Ringdal, R., Espnes, G. A., & Moksnes, U. K. (2017). Positive mental health literacy: development and validation of a measure among Norwegian adolescents. BMC public health, 17, 1–10. https://doi.org/10.1186/s12889-017-4733-6

Blakeman M., Martin C., Gupta A. (2019) Making sense of growing up with a parent with psychosis. An interpretative phenomenological analysis study. Psychosis. 11, 54–62. https://doi.org/10.1080/17522439.2019.1573916

Bluhm, R. L., Covin, R., Chow, M., Wrath, A., & Osuch, E. A. (2014). »I just have to stick with it and it'll work«: Experiences of adolescents and young adults with mental health concerns. Community Mental Health Journal, 50(7), 778–786. https://doi.org/10.1007/s10597-014-9695-x

Bohner, G. (1998). Vergewaltigungsmythen – Sozialpsychologische Untersuchungen über täterentlastende und opferfeindliche Überzeugungen im Bereich sexueller Gewalt (Psychologie: Band 19). Landau: Empirische Pädagogik.

Bolas, H., van Wersch, A., Flynn, D. (2007). The well-being of young people who care for a dependent relative. An interpretative phenomenological analysis. Psychol Health. 22, 829–850. https://doi.org/10.1080/14768320601020154

Bonabi, H., Müller, M., Ajdacic-Gross, V., Eisele, J., Rodgers, S., Seifritz, E., Rössler, W., & Rüsch, N. (2016). Mental health literacy, attitudes to help seeking, and perceived need as predictors of mental health service use: a longitudinal study. The Journal of nervous and mental disease, 204(4), 321–324.

Borzekowski, D. L. (2009). Considering children and health literacy: a theoretical approach. Pediatrics, 124, 282–288.

Bratt, A., Gralberg, I.-M., Svensson, I., & Rusner, M. (2020). Gaining the courage to see and accept oneself: Group-based compassion-focussed therapy as experienced by adolescent girls. Clinical Child Psychology and Psychiatry, 25(4), 909–921. https://doi.org/10.1177/1359104520931583

Brennan, E., & McElvaney, R. (2020). What helps children tell? A qualitative meta-analysis of child sexual abuse disclosure. Child Abuse Review, 29(2), 97–113. https://doi.org/10.1002/car.2617

Brewin, C. R., Andrews, B., & Valentine, J. D. (2000). Meta-analysis of risk factors for post-traumatic stress disorder in trauma-exposed adults. Journal of Consulting and Clinical Psychology, 68(5), 748–766. https://doi.org/10.1037//0022-006x.68.5.748

Brijnath, B., Protheroe, J., Mahtani, K. R., & Antoniades, J. (2016). Do web-based mental health literacy interventions improve the mental health literacy of adult consumers? Results from a systematic review. Journal of Medical Internet Research, 18(6), e165.

Brockington, I. F., Hall, P., Levings, J., & Murphy, C. (1993). The community's tolerance of the mentally ill. The British Journal of Psychiatry, 162(1), 93–99.

Bröder, J., Okan, O., Bauer, U., Bruland, D., Schlupp, S., Bollweg, T. M., Saboga-Nunes, L., Bond, E., Sørensen, K., Bitzer, E.-M., Jordan, S., Domanska, O., Firnges, C., Carvalho, G. S., Bittlingmayer, U. H., Levin-Zamir, D., Pelikan, J., Sahrai, D., Lenz, A., Wahl, P., Thomas, M., Kessl, F., & Pinheiro, P. (2017). Health literacy in childhood and youth: a systematic

review of definitions and models. BMC public health, 17(1), 1–25. https://doi.org/10.1186/s12889-017-4267-y
Bruland, D., Pinheiro, P., Bröder, J., Okan, O., Carvalho, G. S. D., Saboga-Nunes, L., & Bauer, U. (2017). Teachers' supporting students with parents having mental health problems. A scoping review. International Journal of Case Studies, 6(9): 1–15.
Brunner, F., Tozdan, S., Klein, V., Dekker, A., & Briken, P. (2021). Lebenszeitprävalenz des Erlebens von Sex und sexueller Berührung gegen den eigenen Willen sowie Zusammenhänge mit gesundheitsbezogenen Faktoren. In Bundesgesundheitsblatt – Gesundheitsforschung – Gesundheitsschutz, 64, 1339–1354.
Bundeskriminalamt (2021). Pressemitteilung: Vorstellung der Zahlen kindlicher Gewaltopfer – Auswertung der polizeilichen Kriminalstatistik (PKS) 2020. Zugriff am 04.12.2024 unter: https://www.bka.de/SharedDocs/Pressemitteilungen/DE/Presse_2021/pm210526_kindGewalt.pdf?__blob=publicationFile&v=3
Burt, M. R. (1980). Cultural myths and supports for rape. Journal of Personality and Social Psychology, 38(2), 217–230. https://doi.org/10.1037//0022-3514.38.2.217
Campbell, D. T. (1958). Common fate, similarity, and other indices of the status of aggregates of persons as social entities. Behavioral Science, 3(1), 14–25. https://doi.org/10.1002/bs.3830030103
Campbell, R., & Raja, S. (2005). The Sexual Assault and Secondary Victimization of Female Veterans: Help-Seeking Experiences with Military and Civilian Social Systems. Psychology of Women Quarterly, 29(1), 97–106. https://doi.org/10.1111/j.1471-6402.2005.00171.x
Campbell, R., Greeson, M. R., Fehler-Cabral, G., & Kennedy, A. C. (2015). Pathways to Help: Adolescent Sexual Assault Victims' Disclosure and Help-Seeking Experiences. Violence Against Women, 21(7), 824–847. https://doi.org/10.1177/1077801215584071
Campbell, R., Wasco, S. M., Ahrens, C. E., Sefl, T., & Barnes, H. E. (2001). Preventing the »Second Rape«: Rape Survivors' Experiences With Community Service Providers. Journal of Interpersonal Violence, 16(12), 1239–1259. https://doi.org/10.1177/088626001016012002
Carey, S. (1985). Conceptual change in childhood (A Bradford book). Cambridge, Mass.: MIT Press.
Carroll, L., & Tuason, Ma. T. G. (2015). »Perpetually Self-Reflective«: Lesbian Daughters of Mothers With Severe Mental Illness. The Counseling Psychologist, 43(7), 1059–1083. https://doi.org/10.1177/0011000015602316
Caspi, A. & Moffitt, T. E. (2006). Gene-environment interactions in psychiatry: joining forces with neuroscience. Nature Reviews Neuroscience, 7(7), 583–590.
Cechnicki, A., Angermeyer, M. C., & Bielańska, A. (2011). Anticipated and experienced stigma among people with schizophrenia: Its nature and correlates. Social Psychiatry and Psychiatric Epidemiology, 46(7), 643–650. https://doi.org/10.1007/s00127-010-0230-2
Chandra, A., & Minkovitz, C. S. (2006). Stigma starts early: Gender differences in teen willingness to use mental health services. The Journal of Adolescent Health: Official Publication of the Society for Adolescent Medicine, 38(6), 754.e1–8. https://doi.org/10.1016/j.jadohealth.2005.08.011
Chang, J. J., Halpern, C. T., & Kaufman, J. S. (2007). Maternal depressive symptoms, father's involvement, and the trajectories of child problem behaviors in a US national sample. Archives of Pediatrics & Adolescent Medicine, 161(7), 697–703.
Chaudoir, S., & Quinn, D. (2015). Evidence that anticipated stigma predicts poorer depressive symptom trajectories among emerging adults living with concealable stigmatized identities. Self and Identity, 15, 1–13. https://doi.org/10.1080/15298868.2015.1091378
Cheng, H.-L., Wang, C., McDermott, R. C., Kridel, M., & Rislin, J. L. (2018). Self-Stigma, Mental Health Literacy, and Attitudes Toward Seeking Psychological Help. Journal of Counseling & Development, 96(1), 64–74. https://doi.org/10.1002/jcad.12178
Chen, L. P., Murad, M. H., Paras, M. L., Colbenson, K. M., Sattler, A. L., Goranson, E. N., Elamin, M. B., Seime, R. J., Shinozaki, G., Prokop, L. J., & Zirakzadeh, A. (2010). Sexual Abuse and Lifetime Diagnosis of Psychiatric Disorders: Systematic Review and Meta-analysis. Mayo Clinic Proceedings, 85(7), 618–629. https://doi.org/10.4065/mcp.2009.0583
Christiana, J. M., Gilman, S. E., Guardino, M., Mickelson, K., Morselli, P. L., Olfson, M., & Kessler, R. C. (2000). Duration between onset and time of obtaining initial treatment

among people with anxiety and mood disorders: An international survey of members of mental health patient advocate groups. Psychological Medicine, 30(3), 693–703. https://doi.org/10.1017/S0033291799002093

Christiansen, H., Reck, C., Zietlow, A. L., Otto, K., Steinmayr, R., Wirthwein, L., Weigelt, S., Stark, R., Ebert, D. D., Buntrock, C., Krisam, J., Klose, C., Kieser, M., & Schwenck, C. (2019). Children of Mentally Ill Parents at Risk Evaluation (COMPARE): Design and Methods of a Randomized Controlled Multicenter Study-Part I. Frontiers in psychiatry, 10, 128.

Ciarrochi, J., Deane, F. P., Wilson, C. J., & Rickwood, D. (2002). Adolescents who need help the most are the least likely to seek it: The relationship between low emotional competence and low intention to seek help. British Journal of Guidance & Counselling, 30(2), 173–188. https://doi.org/10.1080/03069880220128047

Cicchetti, D., & Toth, S. L. (2005). Child maltreatment. Annual Review of Clinical Psychology, 1, 409–438. https://doi.org/10.1146/annurev.clinpsy.1.102803.144029

Cicchetti, D., Rogosch, F. A., & Toth, S. L. (1998). Maternal depressive disorder and contextual risk: Contributions to the development of attachment insecurity and behavior problems in toddlerhood. Development and Psychopathology, 10(2), 283–300.

Clark, D. B., Cornelius, J., Wood, D., & Vanyukov, M. (2004). Psychopathology risk transmission in children of parents with substance use disorders. American Journal of Psychiatry, 161(4), 685–691.

Clark, L. H., Hudson, J. L., Dunstan, D. A., & Clark, G. I. (2018). Barriers and facilitating factors to help-seeking for symptoms of clinical anxiety in adolescent males. Australian Journal of Psychology, 70(3), 225–234. https://doi.org/10.1111/ajpy.12191

Classen, C. C., Palesh, O. G., & Aggarwal, R. (2005). Sexual revictimization: A review of the empirical literature. Trauma, Violence, & Abuse, 6(2), 103–129.

Clement, S., Schauman, O., Graham, T., Maggioni, F., Evans-Lacko, S., Bezborodovs, N., Morgan, C., Rüsch, N., Brown, J. S. L., & Thornicroft, G. (2015). What is the impact of mental health-related stigma on help-seeking? A systematic review of quantitative and qualitative studies. Psychological medicine, 45(1), 11–27.

Cloitre, M., Stolbach, B. C., Herman, J. L., van der Kolk, B., Pynoos, R., Wang, J., & Petkova, E. (2009). A developmental approach to complex PTSD: Childhood and adult cumulative trauma as predictors of symptom complexity. Journal of Traumatic Stress, 22(5), 399–408. https://doi.org/10.1002/jts.20444

Coie, J. D. & Pennington, B. F. (1976). Children's perceptions of deviance and disorder. Child Development, 407–413.

Cogan, N., Riddell, S., & Mayes, G. (2005). Children living with an affectively ill parent: how do they cope? Educational and Child Psychology, 22(1), 16–28.

Coles, M. E., Ravid, A., Gibb, B., George-Denn, D., Bronstein, L. R. & McLeod, S. (2016). Adolescent Mental Health Literacy: Young People's Knowledge of Depression and Social Anxiety Disorder. The Journal of Adolescent Health: Official Publication of the Society for Adolescent Medicine, 58(1), 57–62. https://doi.org/10.1016/j.jadohealth.2015.09.017

Collin-Vézina, D., De La Sablonnière-Griffin, M., Palmer, A. M., & Milne, L. (2015). A preliminary mapping of individual, relational, and social factors that impede disclosure of childhood sexual abuse. Child Abuse & Neglect, 43, 123–134. https://doi.org/10.1016/j.chiabu.2015.03.010

Corrigan P. (2004). How stigma interferes with mental health care. The American psychologist, 59(7), 614–625. https://doi.org/10.1037/0003-066X.59.7.614

Corrigan, P. W., & Bink, A. B. (2016). The Stigma of Mental Illness. In H. S. Friedman (Ed.), Encyclopedia of Mental Health (pp. 230–234). https://doi.org/10.1016/B978-0-12-397045-9.00170-1

Corrigan, P. W., & Miller, F. E. (2004). Shame, blame, and contamination: A review of the impact of mental illness stigma on family members. Journal of Mental Health, 13(6), 537–548. https://doi.org/10.1080/09638230400017004

Corrigan, P. W., & O'Shaughnessy, J. R. (2007). Changing mental illness stigma as it exists in the real world. Australian Psychologist, 42(2), 90–97.

Corrigan, P. W., & Penn, D. L. (1999). Lessons from social psychology on discrediting psychiatric stigma. The American Psychologist, 54(9), 765–776. https://doi.org/10.1037//0003-066x.54.9.765

Corrigan, P. W., & Rao, D. (2012). On the self-stigma of mental illness: Stages, disclosure, and strategies for change. Canadian Journal of Psychiatry. Revue Canadienne De Psychiatrie, 57(8), 464–469. https://doi.org/10.1177/070674371205700804

Corrigan, P. W., Markowitz, F. E., & Watson, A. C. (2004). Structural levels of mental illness stigma and discrimination. Schizophrenia bulletin, 30(3), 481–491.

Corrigan, P. W., Morris, S. B., Michaels, P. J., Rafacz, J. D., & Rüsch, N. (2012). Challenging the public stigma of mental illness: a meta-analysis of outcome studies. Psychiatric services, 63(10), 963–973. https://doi.org/10.1176/appi.ps. 005292011

Corrigan, P. W., River, L. P., Lundin, R. K., Wasowski, K. U., Campion, J., Mathisen, J., Goldstein, H., Bergman, M., Gagnon, C., & Kubiak, M. A. (2000). Stigmatizing attributions about mental illness. Journal of Community Psychology, 28(1), 91–102.

Corrigan, P., & Lundin, R. (2001). Don't call me nuts! Coping with the stigma of mental illness. Tinley Park, IL: Recovery Press.

Corrigan, P., Larson, J., & Rüsch, N. (2009). Self-stigma and the »why try« effect: Impact on life goals and evidence-based practices. World Psychiatry, 8(2), 75–81.

Creamer, M., Burgess, P., & McFarlane, A. C. (2001). Post-traumatic stress disorder: Findings from the Australian National Survey of Mental Health and Well-being. Psychological Medicine, 31(7), 1237–1247. https://doi.org/10.1017/s0033291701004287

Crisma, M., Bascelli, E., Paci, D., & Romito, P. (2004). Adolescents who experienced sexual abuse: Fears, needs and impediments to disclosure. Child Abuse & Neglect, 28(10), 1035–1048. https://doi.org/10.1016/j.chiabu.2004.03.015

Crockenberg, S. C., & Leerkes, E. M. (2003). Parental acceptance, postpartum depression, and maternal sensitivity: mediating and moderating processes. Journal of family psychology, 17(1), 80.

Crowley, M. S., & Seery, B. L. (2001). Exploring the multiplicity of childhood sexual abuse with a focus on polyincestuous contexts of abuse. Journal of Child Sexual Abuse, 10(4), 91–110.

Dam, K., & Hall, E. O. C. (2016). Navigating in an unpredictable daily life: A metasynthesis on children's experiences living with a parent with severe mental illness. Scandinavian Journal of Caring Sciences, 30(3), 442–457. https://doi.org/10.1111/scs.12285

Dean, K., Green, M. J., Laurens, K. R., Kariuki, M., Tzoumakis, S., Sprague, T., Lenroot, R., & Carr, V. J. (2018). The impact of parental mental illness across the full diagnostic spectrum on externalising and internalising vulnerabilities in young offspring. Psychological Medicine, 48(13), 2257–2263.

Deci, E. L., & Ryan, R. M. (1993). Die Selbstbestimmungstheorie der Motivation und ihre Bedeutung für die Pädagogik. https://doi.org/10.25656/01:11173

Deitz, M. F., Williams, S. L., Rife, S. C., & Cantrell, P. (2015). Examining cultural, social, and self-related aspects of stigma in relation to sexual assault and trauma symptoms. Violence Against Women, 21(5), 598–615. https://doi.org/10.1177/1077801215573330

De Schrijver, L., T. Vander Beken, B. Krahé, and I. Keygnaert. (2018). Prevalence of Sexual Violence in Migrants, Applicants for International Protection, and Refugees in Europe: A Critical Interpretive Synthesis of the Evidence. International Journal of Environmental Research and Public Health 15 (9): 1979. https://doi.org/10.3390/ijerph15091979

Desocio, J., Stember, L., & Schrinsky, J. (2006). Teaching children about mental health and illness: A school nurse health education program. The Journal of school nursing, 22(2), 81–86. https://doi.org/10.1177/10598405060220020

Deutsches Institut für Menschenrechte (2016). Sellungnahme des Deutschen Instituts für Menschenrechte anlässlich der öffentlichen Anhörung des Ausschusses für Recht und Verbraucherschutz zu den drei Gesetzesentwürfen zur Änderung des Sexualstrafrechts der Bundesregierung. Zugriff am 04.12.2024 unter: https://www.bundestag.de/resource/blob/425388/82667368260aa55e7103a538fbbb0bf9/rabe-data.pdf

Dobener, L.-M., Stracke, M., Viehl, K. & Christiansen, H. (2022a). Children of Parents With a Mental Illness – Stigma Questionnaire: Development and Piloting. Front. Psychiatry 13:800037. https://doi.org/10.3389/fpsyt.2022.800037

Dobener, L.-M., Fahrer, J., Purtscheller, D., Bauer, A., Paul, J. L., & Christiansen, H. (2022b). How Do Children of Parents With Mental Illness Experience Stigma? A Systematic Mixed Studies Review. Frontiers in psychiatry, 13, 813519. https://doi.org/10.3389/fpsyt.2022.813519

Dollinger, S. J., Thelen, M. H., & Walsh, M. L. (1980). Children's conceptions of psychological problems. Journal of Clinical Child & Adolescent Psychology, 9(3), 191–194.

Donald, M., Dower, J., Lucke, J., & Raphael, B. (2000). The Queensland Young People's Mental Health Survey Report. Public Health Services, Queensland Health, GPO Box 48, Brisbane, Queensland, Australia, 4001. Zugriff am 29.10.2024 unter: https://eric.ed.gov/?id=ED457424

Dorahy, M. J., & Clearwater, K. (2012). Shame and guilt in men exposed to childhood sexual abuse: A qualitative investigation. Journal of Child Sexual Abuse: Research, Treatment, & Program Innovations for Victims, Survivors, & Offenders, 21(2), 155–175. https://doi.org/10.1080/10538712.2012.659803

Drijver, H. & Rikken, M. (1989). Als Ouders Psychiatrische Problemen Hebben …. (Report of Interviews with Children of Parents with Mental Problems). Arnhem: RIAGG Arnhem.

Dube, S. R., Anda, R. F., Whitfield, C. L., Brown, D. W., Felitti, V. J., Dong, M., & Giles, W. H. (2005). Long-term consequences of childhood sexual abuse by gender of victim. American Journal of Preventive Medicine, 28(5), 430–438. https://doi.org/10.1016/j.amepre.2005.01.015

Dunn, J. (1993). Young Children's Close Relationships. Beyond Attachment. London: Sage.

Dworkin, E. R. (2020). Risk for Mental Disorders Associated With Sexual Assault: A Meta-Analysis. Trauma, Violence & Abuse, 21(5), 1011–1028. https://doi.org/10.1177/1524838018813198

Earnshaw, V. A., Quinn, D. M., & Park, C. L. (2012). Anticipated stigma and quality of life among people living with chronic illnesses. Chronic Illness, 8(2), 79–88. https://doi.org/10.1177/1742395311429393

Eiser, C. (1990). Vorstellungen über Körperfunktionen und Krankheit bei Kindern. In I. Seiffge-Krenke (Hrsg.), Krankheitsverarbeitung bei Kindern und Jugendlichen (Jahrbuch der medizinischen Psychologie, Bd. 4, S. 25–38). Berlin: Springer. https://doi.org/10.1007/978-3-642-75495-1_2

Elgar, F. J., Mills, R. S. L., McGrath, P. J., Waschbusch, D. A., & Brownridge, D. A. (2007). Maternal and paternal depressive symptoms and child maladjustment: The mediating role of parental behavior. Journal of Abnormal Child Psychology, 35(6), 943–955.

Enfer, A. (2016). Formen der Misshandlung von Kindern – Definitionen, Häufigkeiten, Erklärungsansätze. In Sexueller Missbrauch, Misshandlung, Vernachlässigung. Stuttgart: Schattauer.

Erkens, C., Scharmanski, S., & Heßling, A. (2021). Sexualisierte Gewalt in der Erfahrung Jugendlicher: Ergebnisse einer repräsentativen Befragung. In Bundesgesundheitsblatt – Gesundheitsforschung – Gesundheitsschutz, 64(11), 1382–1390. https://doi.org/10.1007/s00103-021-03430-w

Ertugrul, A., & Uluğ, B. (2004). Perception of stigma among patients with schizophrenia. Social Psychiatry and Psychiatric Epidemiology, 39(1), 73–77. https://doi.org/10.1007/s00127-004-0697-9

Eyssel, F., Bohner, G., & Siebler, F. (2006). Perceived rape myth acceptance of others predicts rape proclivity: Social norm or judgmental anchoring? Swiss Journal of Psychology/Schweizerische Zeitschrift Für Psychologie/Revue Suisse de Psychologie, 65(2), 93–99. https://doi.org/10.1024/1421-0185.65.2.93

Fahrer, J., Bril,l N., Dobener, L.-M., Asbrand, J. & Christiansen, H. (2022). Expressed Emotion in the Family: A Meta-Analytic Review of Expressed Emotion as a Mechanism of the Transgenerational Transmission of Mental Disorders. Front. Psychiatry 12:721796. https://doi.org/10.3389/fpsyt.2021.721796

Fang, X., Brown, D. S., Florence, C. S., & Mercy, J. A. (2012). The economic burden of child maltreatment in the United States and implications for prevention. Child Abuse & Neglect, 36(2), 156–165. https://doi.org/10.1016/j.chiabu.2011.10.006

Farrelly, S., Jeffery, D., Rüsch, N., Williams, P., Thornicroft, G., & Clement, S. (2015). The link between mental health-related discrimination and suicidality: Service user perspectives. Psychological Medicine, 45(10), 2013–2022. https://doi.org/10.1017/S0033291714003158

Farrer, L., Leach, L., Griffiths, K. M., Christensen, H. & Jorm, A. F. (2008). Age differences in mental health literacy. BMC Public Health, 8, 125. https://doi.org/10.1186/1471-2458-8-125

Fávero, M., Moreira, D., Abreu, B., Del Campo, A., Moreira, D. S., & Sousa-Gomes, V. (2022). Psychological intervention with adult victims of sexual abuse: A comprehensive review. Clinical Psychology & Psychotherapy, 29(1), 62–80. https://doi.org/10.1002/cpp.2598

Fehler-Cabral, G., & Campbell, R. (2013). Adolescent sexual assault disclosure: The impact of peers, families, and schools. American Journal of Community Psychology, 52(1–2), 73–83. https://doi.org/10.1007/s10464-013-9577-3

Feiring, C., & Taska, L. (2005). The Persistence of Shame Following Sexual Abuse: A Longitudinal Look at Risk and Recovery. Child Maltreatment, 10, 337–349. https://doi.org/10.1177/1077559505276686

Feiring, C., & Cleland, C. (2007). Childhood sexual abuse and abuse-specific attributions of blame over 6 years following discovery. Child Abuse & Neglect, 31(11–12), 1169–1186.

Feiring, C., Cleland, C. M., & Simon, V. A. (2010). Abuse-Specific Self-Schemas and Self-Functioning: A Prospective Study of Sexually Abused Youth. Journal of Clinical Child and Adolescent Psychology: The Official Journal for the Society of Clinical Child and Adolescent Psychology, American Psychological Association, Division 53, 39(1), 35–50. https://doi.org/10.1080/15374410903401112

Feiring, C., Simon, V. A., & Cleland, C. M. (2009). Childhood Sexual Abuse, Stigmatization, Internalizing Symptoms, and the Development of Sexual Difficulties and Dating Aggression. Journal of Consulting and Clinical Psychology, 77(1), 127–137. https://doi.org/10.1037/a0013475

Feiring, C., Taska, L., & Lewis, M. (1996). A process model for understanding adaptation to sexual abuse: The role of shame in defining stigmatization. Child Abuse & Neglect, 20(8), 767–782. https://doi.org/10.1016/0145-2134(96)00064-6

Felitti, V. J., Anda, R. F., Nordenberg, D., Williamson, D. F., Spitz, A. M., Edwards, V., Koss, M. P., & Marks, J. S. (1998). Relationship of childhood abuse and household dysfunction to many of the leading causes of death in adults: The Adverse Childhood Experiences (ACE) Study. American Journal of Preventive Medicine, 14(4), 245–258. https://doi.org/10.1016/S0749-3797(98)00017-8

Field, T., Diego, M., Hernandez-Reif, M., Deeds, O., & Figueiredo, B. (2009). Pregnancy massage reduces prematurity, low birthweight and postpartum depression. Infant behavior & development, 32(4), 454–460.

Filipas, H. H., & Ullman, S. E. (2006). Child Sexual Abuse, Coping Responses, Self-Blame, Posttraumatic Stress Disorder, and Adult Sexual Revictimization. Journal of Interpersonal Violence, 21(5), 652–672. https://doi.org/10.1177/0886260506286879

Finkelhor, D., Shattuck, A., Turner, H. A., & Hamby, S. L. (2014). The lifetime prevalence of child sexual abuse and sexual assault assessed in late adolescence. The Journal of Adolescent Health: Official Publication of the Society for Adolescent Medicine, 55(3), 329–333. https://doi.org/10.1016/j.jadohealth.2013.12.026

Fishbein, M., & Ajzen, I. (1975). Belief, Attitude, Intention and Behaviour: An Introduction to Theory and Research. Reading, MA: Addison-Wesley Publishing Co.

Flammer, A. (2009). Entwicklungstheorien. Psychologische Theorien der menschlichen Entwicklung (Psychologie Lehrtexte, 1. Nachdr. der 4., vollst. überarb. Aufl.). Bern: Huber.

Foster, C. E., Webster, M. C., Weissman, M. M., Pilowsky, D. J., Wickramaratne, P. J., Rush, A., Hughes, C. W., Garber, J., Malloy, E., Cerda, G., Kornstein, S. G., Alpert, J. E., Wisniewski, S. R., Trivedi, M. H., Fava, M., & King, C. A. (2008). Course and severity of maternal depression: Associations with family functioning and child adjustment. Journal of Youth and Adolescence, 37(8), 906–916.

Fox, A. B., Earnshaw, V. A., Taverna, E. C., & Vogt, D. (2018). Conceptualizing and Measuring Mental Illness Stigma: The Mental Illness Stigma Framework and Critical Review of Measures. Stigma and Health, 3(4), 348–376. https://doi.org/10.1037/sah0000104

Franklin, C. G., Kim, J. S., Ryan, T. N., Kelly, M. S., & Montgomery, K. L. (2012). Teacher involvement in school mental health interventions: A systematic review. Children and Youth Services Review, 34(5), 973–982.

Fraser, E., & Pakenham, K. I. (2009). Resilience in children of parents with mental illness: Relations between mental health literacy, social connectedness and coping, and both adjustment and caregiving. Psychology, health & medicine, 14(5), 573–584.

Frazier, P. A., Mortensen, H., & Steward, J. (2005). Coping Strategies as Mediators of the Relations Among Perceived Control and Distress in Sexual Assault Survivors. Journal of Counseling Psychology, 52(3), 267–278. https://doi.org/10.1037/0022-0167.52.3.267

Frese, B., Moya, M., & Megías, J. L. (2004). Social perception of rape: How rape myth acceptance modulates the influence of situational factors. Journal of Interpersonal Violence, 19(2), 143–161. https://doi.org/10.1177/0886260503260245

Frețian, A. M., Graf, P., Kirchhoff, S., Glinphratum, G., Bollweg, T. M., Sauzet, O., & Bauer, U. (2021). The long-term effectiveness of interventions addressing mental health literacy and stigma of mental illness in children and adolescents: systematic review and meta-analysis. International journal of public health, 66, 1604072. https://doi.org/10.3389/ijph.2021.1604072

Fretian, A., Graf, P., Bollweg, T. M., & Bauer, U. (2019). Mental Health Literacy bei Kindern und Jugendlichen – Potenziale für die Förderung psychischer Gesundheit. In W. Greiner, M. Batram, & J. Witte (Hrsg.), Beiträge zur Gesundheitsökonomie und Versorgungsforschung: Vol. 31. DAK Kinder- und Jugendreport 2019. Gesundheitsversorgung von Kindern und Jugendlichen in Deutschland Schwerpunkt: Ängste und Depressionen bei Schulkindern (S. 192–208). Heidelberg: medhochzwei Verlag GmbH.

Freyd, J. J., Putnam, F. W., Lyon, T. D., Becker-Blease, K. A., Cheit, R. E., Siegel, N. B., & Pezdek, K. (2005). Psychology. The science of child sexual abuse. Science, 308(5721), 501. https://doi.org/10.1126/science.1108066

Fudge, E., & Mason, P. (2004). Consulting with young people about service guidelines relating to parental mental illness. Australian e-journal for the Advancement of Mental Health, 3(2), 50–58.

Ganser, H. G., Münzer, A., Plener, P. L., Witt, A., & Goldbeck, L. (2016). Kinder und Jugendliche mit Misshandlungserfahrungen: Bekommen sie die Versorgung, die sie brauchen? In Bundesgesundheitsblatt – Gesundheitsforschung – Gesundheitsschutz, 59(6), 803–810. https://doi.org/10.1007/s00103-016-2351-6

Garber, J., & Cole, D.A. (2010). Intergenerational transmission of depression: A launch and grow model of change across adolescence. Development and Psychopathology, 22, 819–830.

Georgia, E. J., Roddy, M. K., & Doss, B. D. (2018). Sexual assault and dyadic relationship satisfaction: Indirect associations through intimacy and mental health. Violence Against Women, 24(8), 936–951. https://doi.org/10.1177/1077801217727371

Gerhard, U. (2019). Patriarchat – Patriarchalismus: Kampfparole und analytisches Konzept. In B. Kortendiek, B. Riegraf, K. Sabisch (Hrsg.), Handbuch Interdisziplinäre Geschlechterforschung. Geschlecht und Gesellschaft, (S. 1–10). Vol. 65. Wiesbaden: Springer VS.

Givens, J. L., & Tjia, J. (2002). Depressed Medical Students' Use of Mental Health Services and Barriers to Use. Academic Medicine, 77(9), 4.

Glover, D. A., Loeb, T. B., Carmona, J. V., Sciolla, A., Zhang, M., Myers, H. F., & Wyatt, G. E. (2010). Childhood sexual abuse severity and disclosure predict posttraumatic stress symptoms and biomarkers in ethnic minority women. Journal of Trauma & Dissociation: The Official Journal of the International Society for the Study of Dissociation (ISSD), 11(2), 152–173. https://doi.org/10.1080/15299730903502920

Goffman, E. (2009). Stigma: Notes on the management of spoiled identity. New York: Simon and Schuster.

Goldbeck, L., Allrogen, M., Münzer, A., Rassenhofer, M., & Fegert, J. M. (2017). Sexueller Missbrauch. Göttingen: Hogrefe.

Goldstein, S. B., & Johnson, V. A. (1997). Stigma by Association: Perceptions of the Dating Partners of College Students With Physical Disabilities. Basic and Applied Social Psychology, 19(4), 495–504. https://doi.org/10.1207/s15324834basp1904_6

Gomille, B., & Gloger-Tippelt, G. (1999). Transgenerationale Vermittlung von Bindung: Zusammenhänge zwischen den mentalen Bindungsmodellen von Müttern, den Bindungsmustern ihrer Kleinkinder sowie Erlebens- und Verhaltensweisen der Mütter beim Übergang zur Elternschaft. https://doi.org/10.23668/psycharchives.10828

Goodfellow, C., Sosu, E., Macintyre, A., & Knifton, L. (2021). Mental Health Literacy and Adolescent Help-Seeking: The Mediating and Moderating Effects of Personal and Perceived Stigmas. University of Strathclyde. https://doi.org/10.36399/gla.pubs.232693

Goodman S. H. (2007). Depression in mothers. Annual review of clinical psychology, 3, 107–135. https://doi.org/10.1146/annurev.clinpsy.3.022806.091401

Goodman, S. H., & Gotlib, I. H. (1999). Risk for psychopathology in the children of depressed mothers: a developmental model for understanding mechanisms of transmission. Psychological review, 106(3), 458–490. https://doi.org/10.1037/0033-295x.106.3.458

Goodyear-Brown, P. (2011). Handbook of Child Sexual Abuse: Identification, Assessment, and Treatment. Hoboken, NJ: John Wiley and Sons.

Gorczynski, P., Sims-Schouten, W., Hill, D., & Wilson, J. C. (2017). Examining mental health literacy, help seeking behaviours, and mental health outcomes in UK university students. The Journal of Mental Health Training, Education and Practice, 12(2), 111–120.

Grawe K. (2004). Neuropsychotherapie. Göttingen: Hogrefe.

Gray, B., Robinson, C., & Seddon, D. (2008). Invisible Children: Young Carers of Parents with Mental Health Problems – The Perspectives of Professionals. Child and adolescent mental health, 13(4), 169–172. https://doi.org/10.1111/j.1475-3588.2007.00477.x

Greenberg, J. S., Kim, H. W., & Greenley, J. R. (1997). Factors associated with subjective burden in siblings of adults with severe mental illness. American Journal of Orthopsychiatry, 67, 231–241.

Greeson, M. R., Campbell, R., & Fehler-Cabral, G. (2016). »Nobody deserves this«: Adolescent sexual assault victims' perceptions of disbelief and victim blame from police. Journal of Community Psychology, 44(1), 90–110. https://doi.org/10.1002/jcop.21744

Griffiths, K. M., Christensen, H., Jorm, A. F., Evans, K., & Groves, C. (2004). Effect of web-based depression literacy and cognitive-behavioural therapy interventions on stigmatising attitudes to depression: Randomised controlled trial. The British Journal of Psychiatry, 185(4), 342–349.

Gulliver, A., Griffiths, K. M., & Christensen, H. (2010). Perceived barriers and facilitators to mental health help-seeking in young people: A systematic review. BMC Psychiatry, 10(1). https://doi.org/10.1186/1471-244X-10-113

Haber, D. B., Roby, J. L., & High-George, L. D. (2011). Stigma by association: the effects of caring for HIV/AIDS patients in South Africa. Health and Social Care in the Community, 19(5), 541–549. https://doi.org/10.1111/j.1365-2524.2011.01002.x

Habetha, S., Bleich, S., Sievers, C., Marschall, U., Weidenhammer, J., & Fegert J. M. (2012). Deutsche Traumafolgekostenstudie. Kein Kind Mehr – Kein(e) Trauma(kosten) mehr? Kiel: Schmidt & Klauning.

Halligan, S. L., Murray, L., Martins, C., & Cooper, P. J. (2007). Maternal depression and psychiatric outcomes in adolescent offspring: a 13-year longitudinal study. Journal of Affective Disorders, 97(1–3), 145–154. https://doi.org/10.1016/j.jad.2006.06.01

Hammen, C. (2003). Risk and protective factors for children of depressed parents. In S. S. Luthar (Ed.), Resilience and Vulnerability: Adaptation in the Context of Childhood Adversities. New York: Cambridge University Press.

Hammen, C., & Brennan, P. A. (2003). Severity, chronicity, and timing of maternal depression and risk for adolescent offspring diagnoses in a community sample. Archives of general psychiatry, 60(3), 253–258. https://doi.org/10.1001/archpsyc.60.3.253

Hart, L. M., Mason, R. J., Kelly, C. M., Cvetkovski, S., & Jorm, A. F. (2016). ›teen Mental Health First Aid‹: a description of the program and an initial evaluation. International journal of mental health systems, 10(1), 1–18.

Haug Fjone H., Ytterhus B., Almvik A. (2009). How children with parents suffering from mental health distress search for ›normality‹ and avoid stigma. Childhood. 16, 461–77. https://doi.org/10.1177/0907568209343743

Haverfield, M. C., & Theiss, J. A. (2016). Parent's alcoholism severity and family topic avoidance about alcohol as predictors of perceived stigma among adult children of alcoholics: Implications for emotional and psychological resilience. Health communication, 31(5), 606–616. https://doi.org/10.1080/10410236.2014.981665

Health literacy: report of the Council on Scientific Affairs. Ad Hoc Committee on Health Literacy for the Council on Scientific Affairs, American Medical Association. (1999). JAMA, 281(6), 552–557.

Heath, N. M., Lynch, S. M., Fritch, A. M., McArthur, L. N., & Smith, S. L. (2011). Silent survivors: Rape myth acceptance in incarcerated women's narratives of disclosure and reporting of rape. Psychology of Women Quarterly, 35(4), 596–610. https://doi.org/10.1177/0361684311407870

Hébert, M., Tourigny, M., Cyr, M., McDuff, P., & Joly, J. (2009). Prevalence of childhood sexual abuse and timing of disclosure in a representative sample of adults from Quebec. Canadian Journal of Psychiatry. Revue Canadienne De Psychiatrie, 54(9), 631–636. https://doi.org/10.1177/070674370905400908

Hebl, M. R., & Dovidio, J. F. (2005). Promoting the »social« in the examination of social stigmas. Personality and social psychology review, 9(2), 156–182.

Hershkowitz, I., Horowitz, D., & Lamb, M. E. (2005). Trends in children's disclosure of abuse in Israel: A national study. Child Abuse and Neglect, 29(11), 1203–1214. https://doi.org/10.1016/j.chiabu.2005.04.008

Herzog, P., Kaiser, T., & de Jongh, A. (2023). Wie Mythen der traumafokussierten Psychotherapie eine adäquate Versorgung erschweren. Psychotherapeutenjournal, 1.

Hinshaw, S. P. (2004). Parental mental disorder and children's functioning: silence and communication, stigma and resilience. Journal of clinical child and adolescent psychology: the official journal for the Society of Clinical Child and Adolescent Psychology, American Psychological Association, Division 53, 33(2), 400–411. https://doi.org/10.1207/s15374424jccp3302_22

Hinshaw, S. P. (2005). The stigmatization of mental illness in children and parents: Developmental issues, family concerns, and research needs. Journal of Child Psychology and Psychiatry, 46(7), 714–734. https://doi.org/10.1111/j.1469-7610.2005.01456.x

Hintzpeter, B., Metzner, F., Pawils, S., Bichmann, H., Kamtsiuris, P., Ravens-Sieberer, U., Klasen, F., & The BELLA study group (2014). Inanspruchnahme von ärztlichen und psychotherapeutischen Leistungen durch Kinder und Jugendliche mit psychischen Auffälligkeiten: Ergebnisse der BELLA-Studie. Kindheit und Entwicklung, 23(4), 229–238. https://doi.org/10.1026/0942-5403/a000148

Hipwell, A. E., Goossens, F. A., Melhuish, E. C., & Kumar, R. (2000). Severe maternal psychopathology and infant-mother attachment. Development and Psychopathology, 12(2), 157–175.

Hosman, C. M. H., van Doesum, K. T. M., & van Santvoort, F. (2009). Prevention of emotional problems and psychiatric risks in children of parents with a mental illness in the Netherlands: I. The scientific basis to a comprehensive approach. Australian e-Journal for the Advancement of Mental Health, 8(3).

Huizink, A. C., Robles de Medina, P. G., Mulder, E. J., Visser, G. H., & Buitelaar, J. K. (2003). Stress during pregnancy is associated with developmental outcome in infancy. Journal of Child Psychology and Psychiatry, 44(6), 810–818.

Irwin, L. G., Siddiqi, A., & Hertzman, G. (2007). Early child development: A powerful equalizer. Vancouver, BC: Human Early Learning Partnership (HELP).

Islertas, Z. (2023). Gesundheitskompetenz und Kultur – Wie ist der Zusammenhang zwischen diesen Konstrukten zu beschreiben? In: Rathmann, K., Dadaczynski, K., Okan, O., Messer, M. (Hrsg.) Gesundheitskompetenz. Springer Reference Pflege – Therapie – Gesundheit. Berlin, Heidelberg: Springer. https://doi.org/10.1007/978-3-662-67055-2_107

Jensen, T. K., Gulbrandsen, W., Mossige, S., Reichelt, S., & Tjersland, O. A. (2005). Reporting possible sexual abuse: A qualitative study on children's perspectives and the context for disclosure. Child Abuse & Neglect, 29(12), 1395–1413. https://doi.org/10.1016/j.chiabu.2005.07.004

Jones, E. E., Farina, A, Hastorf, A. H., Markus, H., Miller, D. T., & Scott. R. A. (1984). Social stigma: The psychology of marked relationships. New York: Freeman.

Jorm, A. F. (2000). Mental health literacy. British Journal of Psychiatry, 177(5), 396–401. https://doi.org/10.1192/bjp.177.5.396

Jorm, A. F. (2015). Why we need the concept of »mental health literacy«. Health communication, 30(12), 1166–1168. https://doi.org/10.1080/10410236. 2015.1037423

Jorm, A. F. (2019). The concept of mental health literacy. In O. Okan, U. Bauer, D. Levin-Zamir, P. Pinheiro, & K. Sørensen (Eds.), International handbook of health literacy: Research, practice and policy across the life-span (pp. 53–66). Bristol: Policy Press.

Jorm, A. F., Barney, L. J., Christensen, H., Highet, N. J., Kelly, C. M. & Kitchener, B. A. (2006). Research on mental health literacy. What we know and what we still need to know. The Australian and New Zealand Journal of Psychiatry, 40(1), 3–5. https://doi.org/10.1080/j.1440-1614.2006.01734.x

Jorm, A. F., Korten, A. E., Jacomb, P. A., Christensen, H., Rodgers, B. & Pollitt, P. (1997). »Mental health literacy«. A survey of the public's ability to recognise mental disorders and their beliefs about the effectiveness of treatment. Medical Journal of Australia, 166(4), 182–186. https://doi.org/10.5694/j.1326-5377.1997.tb140071.x

Jozkowski, K. N., & Sanders, S. A. (2012). Health and sexual outcomes of women who have experienced forced or coercive sex. Women & Health, 52(2), 101–118. https://doi.org/10.1080/03630242.2011.649397

Kadish, Y. (2015). Five women's recollections and reflections on being raised by a mother with psychosis. South African Journal of Psychology;45(4):480–494. https://doi.org/10.1177/0081246315581565

Kalafat, J. (1997). Prevention of youth suicide. In R. P. Weissberg, T. P. Gullotta, R. L. Hampton, B. A. Ryan, & G. R. Adams (Eds.), Healthy children 2010: Enhancing children's wellness (pp. 175–213). New York: Sage.

Kalra, G., & Bhugra, D. (2013). Sexual violence against women: Understanding cross-cultural intersections. Indian Journal of Psychiatry, 55(3). https://doi.org/10.4103/0019-5545.117139

Karnieli-Miller, O., Perlick, D. A., Nelson, A., Mattias, K., Corrigan, P., & Roe, D. (2013). Family members' of persons living with a serious mental illness: experiences and efforts to cope with stigma. Journal of Mental Health (Abingdon, England), 22(3), 254–262. https://doi.org/10.3109/09638237.2013.779368

Katz, C., Tsur, N., Talmon, A., & Nicolet, R. (2021). Beyond fight, flight, and freeze: Towards a new conceptualization of peritraumatic responses to child sexual abuse based on retrospective accounts of adult survivors. Child Abuse & Neglect, 112, 104905. https://doi.org/10.1016/j.chiabu.2020.104905

Kavemann, B., Graf-van Kesteren, A., Rothkegel, S., & Nagel, B. (2016). Erinnern, Schweigen und Sprechen nach sexueller Gewalt in der Kindheit. Ergebnisse einer Interviewstudie mit Frauen und Männern, die als Kind sexuelle Gewalt erlebt haben. Wiesbaden: Springer Fachmedien. https://doi.org/10.1007/978-3-658-10510-5

Kendra, M., Mohr, J., & Pollard, J. (2014). The stigma of having psychological problems: Relations with engagement, working alliance, and depression in psychotherapy. Psychotherapy (Chicago, Ill.), 51. https://doi.org/10.1037/a0036586

Kennedy, A. C., & Prock, K. A. (2018). »I Still Feel Like I Am Not Normal«: A Review of the Role of Stigma and Stigmatization Among Female Survivors of Child Sexual Abuse, Sexual Assault, and Intimate Partner Violence. Trauma, Violence & Abuse, 19(5), 512–527. https://doi.org/10.1177/1524838016673601

Kennedy, A. C., Adams, A., Bybee, D., Campbell, R., Kubiak, S. P., & Sullivan, C. (2012). A model of sexually and physically victimized women's process of attaining effective formal help over time: The role of social location, context, and intervention. American Journal of Community Psychology, 50(1–2), 217–228. https://doi.org/10.1007/s10464-012-9494-x

Kessler, R. C., Berglund, P., Demler, O., Jin, R., Merikangas, K. R., & Walters, E. E. (2005). Lifetime prevalence and age-of-onset distributions of DSM-IV disorders in the National Comorbidity Survey Replication. Archives of General Psychiatry, 62(6), 593–602. https://doi.org/10.1001/archpsyc.62.6.593

Kim-Cohen, J., Caspi, A., Taylor, A. et al. (2006). MAOA, maltreatment, and gene–environment interaction predicting children's mental health: new evidence and a meta-analysis. Mol Psychiatry 11, 903–913. https://doi.org/10.1038/sj.mp.4001851

Kirchhoff, S., Fretian, A., & Okan, O. (2023). Improving students' mental health literacy: evaluation of an adapted school intervention in Germany. European Journal of Public Health, 33(Supplement_2), ckad160–320. https://doi.org/10.1093/eurpub/ckad160.320

Kluth, S., Stern, K., Trebes, J., & Freyberger, H.-J. (2010). Psychisch kranke jugendliche und erwachsene Mütter im Vergleich. In Bundesgesundheitsblatt – Gesundheitsforschung – Gesundheitsschutz, 53, 1119–1125. https://doi.org/10.1007/s00103-010-1149-1

Knutsson-Medin, L., Edlund, B., & Ramklint, M. (2007). Experiences in a group of grown-up children of mentally ill parents. Journal of Psychiatric and Mental Health Nursing, 14, 744–752.

Koehn, A. J., & Kerns, K. A. (2018). Parent-child attachment: meta-analysis of associations with parenting behaviors in middle childhood and adolescence. Attachment & human development, 20(4), 378–405. https://doi.org/10.1080/14616734.2017.1408131

Kogan, S. M. (2004). Disclosing unwanted sexual experiences: Results from a national sample of adolescent women. Child Abuse & Neglect, 28(2), 147–165. https://doi.org/10.1016/j.chiabu.2003.09.014

Kowalski, R. M., & Peipert, A. (2019). Public- and self-stigma attached to physical versus psychological disabilities. Stigma and Health, 4(2), 136–142. https://doi.org/10.1037/sah0000123

Kranke, D. A., Floersch, J., Kranke, B. O., & Munson, M. R. (2011). A qualitative investigation of self-stigma among adolescents taking psychiatric medication. Psychiatric Services (Washington, D.C.), 62(8), 893–899. https://doi.org/10.1176/ps.62.8.pss6208_0893

Krupchanka, D., Kruk, N., Murray, J., Davey, S., Bezborodovs, N., Winkler, P., Bukelskis, L., & Sartorius, N. (2016). Experience of stigma in private life of relatives of people diagnosed with schizophrenia in the Republic of Belarus. Soc Psychiatry Psychiatr Epidemiol 51, 757–765. https://doi.org/10.1007/s00127-016-1190-y

Kubany, E. S., & Watson, S. B. (2003). Guilt: Elaboration of a multidimensional model. The Psychological Record, 53(1), 51–90.

Kutcher, S., Bagnell, A., & Wei, Y. (2015). Mental health literacy in secondary schools: a Canadian approach. Child and Adolescent Psychiatric Clinics, 24(2), 233–244. https://doi.org/10.1016/j.chc.2014.11.007

Kutcher, S., Wei, Y., & Coniglio, C. (2016). Mental Health Literacy. Past, Present, and Future. Canadian Journal of Psychiatry. Revue Canadienne De Psychiatrie, 61(3), 154–158. https://doi.org/10.1177/0706743715616609

Kutcher, S., Wei, Y., & Hashish, M. (2016). Mental health literacy for students and teachers: A »school friendly« approach. In M. Hodes & S. Gau (Eds.), Positive mental health, fighting stigma and promoting resiliency for children and adolescents (pp. 161–172). London: Academic Press.

Kwong, A. S. F., Manley, D., Timpson, N. J., Pearson, R. M., Heron, J., Sallis, H., Stergiakouli, E., Davis, O. S. P., & Leckie, G. (2019). Identifying critical points of trajectories of depressive symptoms from childhood to young adulthood. Journal of Youth and Adolescence, 48(4), 815–827. https://doi.org/10.1007/s10964-018-0976-5

Lam, L. T. (2014). Mental health literacy and mental health status in adolescents: a population-based survey. Child and adolescent psychiatry and mental health, 8, 1–8.

Lambert, M., Bock, T., Naber, D., Löwe, B., Schulte-Markwort, S.-M., Schäfer, I., Gumz, A., Degwitz, P., Schulte, B., König, H., Konnopka, A., Bauer, M., Bechdolf, A., Correll, C., Juckel, G., Klosterkötter, J., Leopold, K., Pfennig, A., & Karow, K. (2013). Mental health of children, adolescents and young adults – Part 1: Prevalence, illness persistence, adversities, service use, treatment delay and consequences. Fortschritte Der Neurologie-Psychiatrie, 81(11), 614–627. https://doi.org/10.1055/s-0033-1355843

Lampe, A. (2002). The prevalence of childhood sexual abuse, physical abuse and emotional neglect in Europe/Prävalenz von sexuellem Mißbrauch, physischer Mißhandlung und emotionaler Vernachlässigung in Europa. Zeitschrift für Psychosomatische Medizin und Psychotherapie, 48(4), 370–380.

Lannin, D. G., Vogel, D. L., Brenner, R. E., Abraham, W. T., & Heath, P. J. (2016). Does self-stigma reduce the probability of seeking mental health information? Journal of Counseling Psychology, 63(3), 351–358. https://doi.org/10.1037/cou0000108

Lawson, A., & Fouts, G. (2004). Mental illness in Disney animated films. Canadian Journal of Psychiatry. Revue Canadienne De Psychiatrie, 49(5), 310–314. https://doi.org/10.1177/070674370404900506

Leahy, M.A. (2015). Children of mentally ill parents: Understanding the effects of childhood trauma as it pertains to the school setting. International Journal of Educational Research, 71, 100–107.

Lee, L. C., Halpern, C. T., Hertz-Picciotto, I., Martin, S. L., & Suchindran, C. M. (2006). Child care and social support modify the association between maternal depressive symptoms and early childhood behaviour problems: a US national study. Journal of Epidemiology & Community Health, 60(4), 305–310.

Leinonen, J. A., Solantaus, T. S., & Punamaki, R. L. (2003). Parental mental health and children's adjustment: The quality of marital interaction and parenting as mediating factors. Journal of Child Psychology and Psychiatry, 44(2), 227–241.

Lemaigre, C., Taylor, E. P., & Gittoes, C. (2017). Barriers and facilitators to disclosing sexual abuse in childhood and adolescence: A systematic review. Child Abuse and Neglect, 70, 39–52. https://doi.org/10.1016/j.chiabu.2017.05.009

LeMaire, K. L., Oswald, D. L., & Russell, B. L. (2016). Labeling Sexual Victimization Experiences: The Role of Sexism, Rape Myth Acceptance, and Tolerance for Sexual Harassment. Violence and Victims, 31(2), 332–346. https://doi.org/10.1891/0886-6708.VV-D-13-00148

Lenz, A. & Wiegand-Grefe, S. (2017). Kinder psychisch kranker Eltern: Hogrefe: Leitfaden Kinder- und Jugendpsychotherapie – Band 23.

Lichty, L. F., & Gowen, L. K. (2021). Youth Response to Rape: Rape Myths and Social Support. Journal of Interpersonal Violence, 36(11–12), 5530–5557. https://doi.org/10.1177/0886260518805777

Link, B. G., & Phelan, J. C. (2001). Conceptualizing Stigma. Annual Review of Sociology, 27(1), 363–385. https://doi.org/10.1146/annurev.soc.27.1.363

Link, B. G., Yang, L. H., Phelan, J. C., & Collins, P. Y. (2004). Measuring mental illness stigma. Schizophrenia Bulletin, 30(3), 511–541. https://doi.org/10.1093/oxfordjournals.schbul.a007098

Lippmann, W. (1922). The World Outside and the Pictures in Our Heads. Public Opinion.

Littleton, H., & Henderson, C. E. (2009). If she is not a victim, does that mean she was not traumatized? Evaluation of predictors of PTSD symptomatology among college rape victims. Violence Against Women, 15(2), 148–167. https://doi.org/10.1177/1077801208329386

Liu, C., Wang, D., Liu, C., Jiang, J., Wang, X., Chen, H., Ju, X., & Zhang, X. (2020). What is the meaning of health literacy? A systematic review and qualitative synthesis. Family medicine and community health, 8(2). https://doi.org/10.1136/fmch-2020-000351

Livingston, J. D., & Boyd, J. E. (2010). Correlates and consequences of internalized stigma for people living with mental illness: A systematic review and meta-analysis. Social Science & Medicine (1982), 71(12), 2150–2161. https://doi.org/10.1016/j.socscimed.2010.09.030

Livingston, J. D., Tugwell, A., Korf-Uzan, K., Cianfrone, M., & Coniglio, C. (2013). Evaluation of a campaign to improve awareness and attitudes of young people towards mental health issues. Social psychiatry and psychiatric epidemiology, 48(6), 965–973.

Loechner, J., Sfärlea, A., Starman, K., Oort, F., Thomsen, L. A., Schulte-Körne, G., & Platt, B. (2020). Risk of Depression in the Offspring of Parents with Depression: The Role of Emotion Regulation, Cognitive Style, Parenting and Life Events. Child psychiatry and human development, 51(2), 294–309. https://doi.org/10.1007/s10578-019-00930-4

Logan, D. E., & King, C. A. (2001). Parental facilitation of adolescent mental health service utilization: A conceptual and empirical review. Clinical Psychology: Science and Practice, 8(3), 319–333. https://doi.org/10.1093/clipsy.8.3.319

Lohaus, A. & Ball, J. (2006). Gesundheit und Krankheit aus der Sicht von Kindern (2., überarb. und erw. Aufl.). Göttingen: Hogrefe.

London, K., Bruck, M., Wright, D. B., & Ceci, S. J. (2008). Review of the contemporary literature on how children report sexual abuse to others: Findings, methodological issues, and implications for forensic interviewers. Memory (Hove, England), 16(1), 29–47. https://doi.org/10.1080/09658210701725732

Loureiro, L. M., Jorm, A. F., Mendes, A. C., Santos, J. C., Ferreira, R. O. & Pedreiro, A. T. (2013). Mental health literacy about depression. A survey of portuguese youth. BMC Psychiatry, 13, 129. https://doi.org/10.1186/1471-244X-13-129

Loya, R. M. (2015). Rape as an Economic Crime: The Impact of Sexual Violence on Survivors' Employment and Economic Well-Being. Journal of Interpersonal Violence, 30(16), 2793–2813. https://doi.org/10.1177/0886260514554291

Lu, W. (2020). Treatment for Adolescent Depression: National Patterns, Temporal Trends, and Factors Related to Service Use Across Settings. Journal of Adolescent Health, S1054139X20300938. https://doi.org/10.1016/j.jadohealth.2020.02.019

Lysaker, P. H., Roe, D., & Yanos, P. T. (2007). Toward understanding the insight paradox: Internalized stigma moderates the association between insight and social functioning, hope, and self-esteem among people with schizophrenia spectrum disorders. Schizophrenia Bulletin, 33(1), 192–199. https://doi.org/10.1093/schbul/sbl016

Maercker, A., Brewin, C. R., Bryant, R. A., Cloitre, M., van Ommeren, M., Jones, L. M., Humayan, A., Kagee, A., Llosa, A. E., Rousseau, C., Somasundaram, D. J., Souza, R., Suzuki, Y., Weissbecker, I., Wessely, S. C., First, M. B., & Reed, G. M. (2013). Diagnosis and classification of disorders specifically associated with stress: Proposals for ICD-11. World Psychiatry: Official Journal of the World Psychiatric Association (WPA), 12(3), 198–206. https://doi.org/10.1002/wps.20057

Major, B., & O'Brien, L. T. (2005). The social psychology of stigma. Annu. Rev. Psychol., 56, 393–421.

Mak, W. W., & Cheung, R. (2008). Affiliate Stigma Among Caregivers of People with Intellectual Disability or Mental Illness. Journal of Applied Research in Intellectual Disabilities, 21, 532–545

Manay, N., & Collin-Vézina, D. (2021). Recipients of children's and adolescents' disclosures of childhood sexual abuse: A systematic review. Child Abuse & Neglect, 116(Pt 1), 104192. https://doi.org/10.1016/j.chiabu.2019.104192

Manganello, J. A. (2008). Health literacy and adolescents: a framework and agenda for future research. Health education research, 23(5), 840–847.

Marinucci, A., Grove, C., & Allen, K. A. (2023). A scoping review and analysis of mental health literacy interventions for children and youth. School Psychology Review, 52(2), 144–158. https://doi.org/10.1080/2372966X.2021.2018918

Marshall, J. M. & Dunstan, D. A. (2013). Mental Health Literacy of Australian Rural Adolescents: An Analysis Using Vignettes and Short Films. Australian Psychologist, 48(2), 119–127. https://doi.org/10.1111/j.1742-9544.2011.00048.x

Mason, G. E., Riger, S., & Foley, L. A. (2004). The Impact of Past Sexual Experiences on Attributions of Responsibility for Rape. Journal of Interpersonal Violence, 19(10), 1157–1171. https://doi.org/10.1177/0886260504269094

Massey, P. M., Prelip, M., Calimlim, B. M., Quiter, E. S., & Glik, D. C. (2012). Contextualizing an expanded definition of health literacy among adolescents in the health care setting. Health education research, 27(6), 961–974.

Mattejat, F., & Remschmidt, H. (2008). The children of mentally ill parents. Deutsches Ärzteblatt international, 105(23), 413–418. https://doi.org/10.3238/arztebl.2008.0413

Maughan, A., Cicchetti, D., Toth, S. L., & Rogosch, F. A. (2007). Early-occurring maternal depression and maternal negativity in predicting young children's emotion regulation and socioemotional difficulties. Journal of Abnormal Child Psychology, 35(5), 685–703.

McCormack, L., White, S., & Cuenca, J. (2017). A fractured journey of growth: making meaning of a ›Broken‹ childhood and parental mental ill-health. Community, Work & Family, 20, 327–345.

McElvaney, R. (2015). Disclosure of Child Sexual Abuse: Delays, Non-disclosure and Partial Disclosure. What the Research Tells Us and Implications for Practice. Child Abuse Review, 24(3), 159–169. https://doi.org/10.1002/car.2280

McKeague, L., Hennessy, E., O'Driscoll, C., & Heary, C. (2015). Retrospective accounts of self-stigma experienced by young people with attention-deficit/hyperactivity disorder (ADHD)

or depression. Psychiatric Rehabilitation Journal, 38(2), 158–163. https://doi.org/10.1037/prj0000121

McMahon, S., & Farmer, G. L. (2011). An updated measure for assessing subtle rape myths. Social Work Research, 35(2), 71–81. https://doi.org/10.1093/swr/35.2.71

Mehta, S., & Farina, A. (1988). Associative Stigma: Perceptions of the Difficulties of College-Aged Children of Stigmatized Fathers. Journal of Social and Clinical Psychology, 7, 192–202.

Mehta, N., Clement, S., Marcus, E., Stona, A.-C., Bezborodovs, N., Evans-Lacko, S., Palacios, J., Docherty, M., Barley, E., Rose, D., Koschorke, M., Shidhaye, R., Henderson, C., & Thornicroft, G. (2015). Evidence for effective interventions to reduce mental health-related stigma and discrimination in the medium and long term: Systematic review. The British Journal of Psychiatry: The Journal of Mental Science, 207(5), 377–384. https://doi.org/10.1192/bjp.bp.114.151944

Melanson, P. S. K. (1998). Belief in male rape myths, a test of two competing theories. Ottawa: National Library of Canada.

Merikangas, K. R., He, J., Burstein, M., Swanson, S. A., Avenevoli, S., Cui, L., Benjet, C., Georgiades, K., & Swendsen, J. (2010). Lifetime prevalence of mental disorders in U.S. adolescents: Results from the National Comorbidity Survey Replication–Adolescent Supplement (NCS-A). Journal of the American Academy of Child & Adolescent Psychiatry, 49(10), 980–989. https://doi.org/10.1016/j.jaac.2010.05.017

Messman-Moore, T. L., & Long, P. J. (2003). The role of childhood sexual abuse sequelae in the sexual revictimization of women: An empirical review and theoretical reformulation. Clinical Psychology Review, 23(4), 537–571.

Miller, A. K., Canales, E. J., Amacker, A. M., Backstrom, T. L., & Gidycz, C. A. (2011). Stigma-threat motivated nondisclosure of sexual assault and sexual revictimization: A prospective analysis. Psychology of Women Quarterly, 35(1), 119–128. https://doi.org/10.1177/0361684310384104

Mordoch, E., & Hall, W. A. (2008). Children's perceptions of living with a parent with a mental illness: Finding the rhythm and maintaining the frame. Qualitative Health Research, 18(8), 1127–1144. https://doi.org/10.1177/1049732308320775

Morrison, S. E., Bruce, C., & Wilson, S. (2018). Children's Disclosure of Sexual Abuse: A Systematic Review of Qualitative Research Exploring Barriers and Facilitators. Journal of Child Sexual Abuse, 27(2), 176–194. https://doi.org/10.1080/10538712.2018.1425943

Moses, T. (2009a). Self-labeling and its effects among adolescents diagnosed with mental disorders. Social Science & Medicine, 68(3), 570–578. https://doi.org/10.1016/j.socscimed.2008.11.003

Moses, T. (2009b). Stigma and self-concept among adolescents receiving mental health treatment. American Journal of Orthopsychiatry, 79(2), 261–274. https://doi.org/10.1037/a0015696

Moses, T. (2010). Being treated differently: Stigma experiences with family, peers, and school staff among adolescents with mental health disorders. Social Science & Medicine, 70(7), 985–993. https://doi.org/10.1016/j.socscimed.2009.12.022

Moskos, M. A., Olson, L., Halbern, S. R., & Gray, D. (2007). Utah Youth Suicide Study: Barriers to mental health treatment for adolescents. Suicide and Life-Threatening Behavior, 37(2), 179–186. https://doi.org/10.1521/suli.2007.37.2.179

Mühlig, S., & Jacobi, F. (2011). Psychoedukation. In Wittchen, H.-U., Hoyer, J. (Hrsg.), Klinische Psychologie & Psychotherapie (S. 477–490). Berlin, Heidelberg: Springer.

Mulfinger, N., Müller, S., Böge, I., Sakar, V., Corrigan, P. W., Evans-Lacko, S., Nehf, L., Djamali, J., Samarelli, A., Kempter, M., Ruckes, C., Libal, G., Oexle, N., Noterdaeme, M., & Rüsch, N. (2018). Honest, Open, Proud for adolescents with mental illness: Pilot randomized controlled trial. Journal of Child Psychology and Psychiatry, and Allied Disciplines, 59(6), 684–691. https://doi.org/10.1111/jcpp.12853

Müller, U., Schöttle, M., Hess, D., & Prussog-Wagner, A. (2004). Lebenssituation, Sicherheit und Gesundheit von Frauen in Deutschland. Bundesministerium für Familie, Senioren, Frauen und Jugend. Zugriff am 29.10.2024 unter: https://www.bmfsfj.de/bmfsfj/studie-lebenssituation-sicherheit-und-gesundheit-von-frauen-in-deutschland-80694

Münzer, A., Fegert, J., Witt, A., & Goldbeck, L. (2015). Inanspruchnahme professioneller Hilfen durch sexuell viktimisierte Kinder und Jugendliche [Service utilization by sexually victimized children and adolescents]. Nervenheilkunde, 34, 26–32. https://doi.org/10.1055/s-0038-1627554

Murphy, G., Peters, K., Jackson, D., & Wilkes, L. (2011). A qualitative meta-synthesis of adult children of parents with a mental illness. Journal of Clinical Nursing, 20(23–24), 3430–3442. https://doi.org/10.1111/j.1365-2702.2010.03651.x

Nair, P., Schuler, M. E., Black, M. M., Kettinger, L., & Harrington, D. (2003). Cumulative environmental risk in substance abusing women: early intervention, parenting stress, child abuse potential and child development. Child abuse & neglect, 27(9), 997–1017.

Natapoff, J. N. (1982). A developmental analysis of children's ideas of health. Health education quarterly, 9(2–3), 34–45.

Neuberg, S. L., Smith, D. M., Hoffman, J. C., & Russell, F. J. (1994). When We Observe Stigmatized and »Normal« Individuals Interacting: Stigma by Association. Personality and Social Psychology Bulletin, 20(2), 196–209. https://doi.org/10.1177/0146167294202007

Newheiser, A.-K., & Barreto, M. (2014). Hidden costs of hiding stigma: Ironic interpersonal consequences of concealing a stigmatized identity in social interactions. Journal of Experimental Social Psychology, 52, 58–70. https://doi.org/10.1016/j.jesp.2014.01.002

Nieto-Rucian, V., & Furness, P. J. (2019). The experience of growing up with a parent with schizophrenia – A qualitative study. Qualitative Psychology, 6(3), 254–267. https://doi.org/10.1037/qup0000112

Nutbeam, D. (2000). Health literacy as a public health goal: a challenge for contemporary health education and communication strategies into the 21st century. Health Promotion International, Volume 15, Issue 3, September 2000, 259–267, https://doi.org/10.1093/heapro/15.3.259

O'Brien, D., Harvey, K., Howse, J., Reardon, T., & Creswell, C. (2016). Barriers to managing child and adolescent mental health problems: A systematic review of primary care practitioners' perceptions. The British Journal of General Practice: The Journal of the Royal College of General Practitioners, 66(651), e693–707. https://doi.org/10.3399/bjgp16X687061

O'Connor, M., & Casey, L. (2015). The Mental Health Literacy Scale (MHLS): A new scale-based measure of mental health literacy. Psychiatry research, 229(1–2), 511–516. https://doi.org/10.1016/j.psychres.2015.05.064

O'Connor, P. J., Martin, B., Weeks, C. S., & Ong, L. (2014). Factors that influence young people's mental health help-seeking behaviour: A study based on the Health Belief Model. Journal of Advanced Nursing, 70(11), 2577–2587. https://doi.org/10.1111/jan.12423

O'Connor, T.G., Heron, J., Golding, J., Beveridge, M., & Glover, V. (2002). Maternal antenatal anxiety and children's behavioural/emotional problems at 4 years – Report from the Avon Longitudinal Study of Parents and Children. British Journal of Psychiatry, 180, 502–508.

Oexle, N., Müller, M., Kawohl, W., Xu, Z., Viering, S., Wyss, C., Vetter, S. & Rüsch, N. (2018). Self-stigma as a barrier to recovery: a longitudinal study. European archives of psychiatry and clinical neuroscience, 268(2), 209–212. https://doi.org/10.1007/s00406-017-0773-2

Oexle, N., Rüsch, N., Viering, S., Wyss, C., Seifritz, E., Xu, Z., & Kawohl, W. (2017). Self-stigma and suicidality: A longitudinal study. European Archives of Psychiatry and Clinical Neuroscience, 267(4), 359–361. https://doi.org/10.1007/s00406-016-0698-1

Oskouie, F., Zeighami, R., & Joolaee, S. (2011). Outcomes of parental mental illness on children: a qualitative study from Iran. Journal of psychosocial nursing and mental health services, 49(9), 32–40. https://doi.org/10.3928/02793695-20110802-06

Östman, M. (2008). Interviews with children of persons with a severe mental illness: Investigating their everyday situation. Nordic Journal of Psychiatry, 62(5), 354–359. https://doi.org/10.1080/08039480801960065

Östman, M., & Kjellin, L. (2002). Stigma by association: Psychological factors in relatives of people with mental illness. British Journal of Psychiatry, 181, 494–498.

Paakkari, L., & Paakkari, O. (2012). Health literacy as a learning outcome in schools. Health Education, 112(2), 133–152.

Paolucci, E. O., Genuis, M. L., & Violato, C. (2001). A meta-analysis of the published research on the effects of child sexual abuse. The Journal of Psychology, 135(1), 17–36. https://doi.org/10.1080/00223980109603677

Park, S., & Park, K. S. (2014). Family Stigma: A Concept Analysis. Asian Nursing Research, 8(3), 165–171. https://doi.org/10.1016/j.anr.2014.02.006

Parker, R. M., Baker, D. W., Williams, M. V. and Nurss, J. R. (1995). The test of functional health literacy in adults: a new instrument for measuring patient's literacy skills. Journal of General Internal Medicine, 10, 537–541.

Patafio, B., Miller, P., Baldwin, R., Taylor, N., & Hyder, S. (2021). A systematic mapping review of interventions to improve adolescent mental health literacy, attitudes and behaviours. Early intervention in psychiatry, 15(6), 1470–1501. https://doi.org/10.1111/eip.13109

Paul, L. A., Zinzow, H. M., McCauley, J. L., Kilpatrick, D. G., & Resnick, H. S. (2014). Does Encouragement by Others Increase Rape Reporting? Findings from a National Sample of Women. Psychology of Women Quarterly, 38(2), 222–232. https://doi.org/10.1177/0361684313501999

Pawils, S., Nick, S., Metzner, F., Lotzin, A., & Schäfer, I. (2017). Versorgungssituation von Kindern, Jugendlichen und Erwachsenen mit sexuellen Gewalterfahrungen in Deutschland: Ein kritischer Überblick. In Bundesgesundheitsblatt – Gesundheitsforschung – Gesundheitsschutz, 60, 1046–1054. https://doi.org/10.1007/s00103-017-2601-2

Pearl, R., Forgeard, M., Rifkin, L., Beard, C., & Björgvinsson, T. (2017). Internalized stigma of mental illness: Changes and associations with treatment outcomes. Stigma and Health, 2. https://doi.org/10.1037/sah0000036

Pearson, S., & Hyde, C. (2021). Influences on adolescent help-seeking for mental health problems. Journal of Psychologists and Counsellors in Schools, 31(1), 110–121. https://doi.org/10.1017/jgc.2020.28

Pescosolido, B. A., & Martin, J. K. (2015). The stigma complex. Annual review of sociology, 41, 87–116.

Pfeiffer, S., & In-Albon, T. (2021, September). Retrospective Assessment of barriers and facilitators accessing psychotherapy in adolescents in psychotherapy using a mixed method design. In J. Asbrand, & S. Pfeiffer: From a specific to a transdiagnostic perspective: Findings on improving prevention and psychotherapy in children and adolescents. 50th Annual Congress of the European Association for Behavioural and Cognitive Therapies, EABCT, Belfast, UK.

Pfeiffer, S., & In-Albon, T. (2022). Gender specificity of self-stigma, public stigma, and help-seeking sources of mental disorders in youths. Stigma and Health, 8(1), 124–132. https://doi.org/10.1037/sah0000366

Phelan, J. C., Link, B. G., & Dovidio, J. F. (2008). Stigma and prejudice: one animal or two? Social science & medicine, 67(3), 358–367.

Polanczyk, G. V., Salum, G. A., Sugaya, L. S., Caye, A., & Rohde, L. A. (2015). Annual research review: A meta-analysis of the worldwide prevalence of mental disorders in children and adolescents. Journal of Child Psychology and Psychiatry, and Allied Disciplines, 56(3), 345–365. https://doi.org/10.1111/jcpp.12381

Priebe, G., & Svedin, C. G. (2008). Child sexual abuse is largely hidden from the adult society: An epidemiological study of adolescents' disclosures. Child Abuse & Neglect, 32(12), 1095–1108. https://doi.org/10.1016/j.chiabu.2008.04.001

Prochaska, J. O., & DiClemente, C. C. (1982). Transtheoretical therapy: Toward a more integrative model of therapy. Sychotherapy: Theory, Research, and Practice, 19, 267–288.

Pryor, J. B., Reeder, G. D., & Monroe, A. E. (2012). The infection of bad company: Stigma by association. Journal of Personality and Social Psychology, 102(2), 224–241. https://doi.org/10.1037/a0026270

Quinn, D. M., Williams, M. K., & Weisz, B. M. (2015). From Discrimination to Internalized Mental Illness Stigma: The Mediating Roles of Anticipated Discrimination and Anticipated Stigma. Psychiatric Rehabilitation Journal, 38(2), 103–108. https://doi.org/10.1037/prj0000136

Radez, J., Reardon, T., Creswell, C., Lawrence, P. J., Evdoka-Burton, G., & Waite, P. (2021). Why do children and adolescents (not) seek and access professional help for their mental health problems? A systematic review of quantitative and qualitative studies. European child & adolescent psychiatry, 30, 183–211. https://doi.org/10.1007/s00787-019- 01469-4

Rangarajan, S. (2008). Mediators and moderators of parental alcoholism effects on offspring self-esteem. Alcohol & Alcoholism, 43(4), 481–491.

Ravens-Sieberer, U., Kaman, A., Otto, C., Adedeji, A., Napp, A.-K., Becker, M., Blanck-Stellmacher, U., Löffler, C., Schlack, R., Hölling, H., Devine, J., Erhart, M., & Hurrelmann, K. (2021). Seelische Gesundheit und psychische Belastungen von Kindern und Jugendlichen in der ersten Welle der COVID-19-Pandemie – Ergebnisse der COPSY-Studie. In Bundesgesundheitsblatt – Gesundheitsforschung – Gesundheitsschutz, 64(12), 1512–1521. https://doi.org/10.1007/s00103-021-03291-3

Reardon, T., Harvey, K., Baranowska, M., O'Brien, D., Smith, L., & Creswell, C. (2017). What do parents perceive are the barriers and facilitators to accessing psychological treatment for mental health problems in children and adolescents? A systematic review of qualitative and quantitative studies. European Child & Adolescent Psychiatry, 26(6), 623–647. https://doi.org/10.1007/s00787-016-0930-6

Reavley, N. J., & Jorm, A. F. (2011). Stigmatizing attitudes towards people with mental disorders: Findings from an Australian National Survey of Mental Health Literacy and Stigma. The Australian and New Zealand Journal of Psychiatry, 45(12), 1086–1093. https://doi.org/10.3109/00048674.2011.621061

Reavley, N., Too, T., & Zhao, M. (2015). National surveys of mental health literacy and stigma and national survey of discrimination and positive treatment: A report for the Mental Health Commission of NSW. Sydney, NSW Mental Health Commission.

Reinke, W. M., Stormont, M., Herman, K. C., Puri, R., & Goel, N. (2011). Supporting Children's Mental Health in Schools: Teacher Perceptions of Needs, Roles, and Barriers. School Psychology Quarterly, 26(1), 1–13. https://doi.org/10.1037/a0022714

Reupert, A., Gladstone, B., Helena Hine, R., Yates, S., McGaw, V., Charles, G., Drost, L., Foster, K. (2021). Stigma in relation to families living with parental mental illness. An integrative review. Int J Mental Health Nurs. 30:6–26. https://doi.org/10.1111/inm.12820

Rezayat, F., Mohammadi, E., Fallahi-Khoshknab, M., & Sharifi, V. (2019). Experience and the meaning of stigma in patients with schizophrenia spectrum disorders and their families: A qualitative study. Japan journal of nursing science: JJNS, 16(1), 62–70. https://doi.org/10.1111/jjns.12212

Rich, K., Seffrin, P. M., & McNichols, E. (2021). College Students' Responses to Their Sexually Assaulted Friends: Impact of Rape Myth Acceptance, Prior Victimization, and Social Relationships. Archives of Sexual Behavior, 50(1), 263–275. https://doi.org/10.1007/s10508-020-01842-4

Rickwood, D. J., Mazzer, K. R., & Telford, N. R. (2015). Social influences on seeking help from mental health services, in-person and online, during adolescence and young adulthood. BMC Psychiatry, 15(1), 40. https://doi.org/10.1186/s12888-015-0429-6

Rickwood, D., Deane, F. P., Wilson, C. J., & Ciarrochi, J. (2005). Young people's help-seeking for mental health problems. Australian E-Journal for the Advancement of Mental Health, 4(3), 218–251. https://doi.org/10.5172/jamh.4.3.218

Rickwood, D. & Thomas, K. (2012). Conceptual measurement framework for help-seeking for mental health problems. Psychology Research and Behavior Management (5), 173–183.

Riebschleger, J., Grové, C., Cavanaugh, D. & Costello, S. (2017). Mental Health Literacy Content for Children of Parents with a Mental Illness: Thematic Analysis of a Literature Review. Brain Sciences, 7(11). https://doi.org/10.3390/brainsci7110141

Roberts, M. C., Beidleman, W. B. & Wurtele, S. K. (1981). Children's perceptions of medical and psychological disorders in their peers. Journal of Clinical Child Psychology, 10(2), 76–78. https://doi.org/10.1080/15374418109533018

Rogosch, F.A., Cicchetti, D., & Toth, S.L. (2004). Expressed emotion in multiple subsystems of the families of toddlers with depressed mothers. Development and Psychopathology, 16(3), 689–706.

Romans, S., Belaise, C., Martin, J., Morris, E., & Raffi, A. (2002). Childhood abuse and later medical disorders in women. An epidemiological study. Psychotherapy and Psychosomatics, 71(3), 141–150. https://doi.org/10.1159/000056281

Romero-Sánchez, M., Krahé, B., Moya, M., & Megías, J. L. (2018). Alcohol-Related Victim Behavior and Rape Myth Acceptance as Predictors of Victim Blame in Sexual Assault Cases. Violence Against Women, 24(9), 1052–1069. https://doi.org/10.1177/1077801217727372

Ronsaville, D. S., Municchi, G., Laney, C., Cizza, G., Meyer, S. E., Haim, A., et al. (2006). Maternal and environmental factors influence the hypothalamic-pituitary-adrenal axis response to corticotropin-releasing hormone infusion in offspring of mothers with or without mood disorders. Development and Psychopathology, 18(1), 173–194.

Rosenstock, I. M. (1996). Why people use health services. Memorial Fund Quarterly, 44, 94–127.

Rothman, K., Georgia Salivar, E., Roddy, M. K., Hatch, S. G., & Doss, B. D. (2021). Sexual Assault Among Women in College: Immediate and Long-Term Associations With Mental Health, Psychosocial Functioning, and Romantic Relationships. Journal of Interpersonal Violence, 36(19–20), 9600–9622. https://doi.org/10.1177/0886260519870158

Rudolph, J. I., Zimmer-Gembeck, M. J., & Walsh, K. (2022). Recall of sexual abuse prevention education at school and home: Associations with sexual abuse experience, disclosure, protective parenting, and knowledge. Child Abuse & Neglect, 129, 105680. https://doi.org/10.1016/j.chiabu.2022.105680

Rüsch, N., Angermeyer, M. C., & Corrigan, P. W. (2005). Mental illness stigma: Concepts, consequences, and initiatives to reduce stigma. European psychiatry, 20(8), 529–539.

Rutter, M. (2006). The Promotion of Resilience in the Face of Adversity. In A. Clarke-Stewart & J. Dunn (Eds.), Families Count: Effects on Child and Adolescent Development (pp. 26–52). chapter, Cambridge: Cambridge University Press.

Rutter, M., Moffitt, T. E., & Caspi, A. (2006). Gene-environment interplay and psychopathology: Multiple varieties but real effects. Journal of Child Psychology and Psychiatry, 47(3–4), 226–261.

Sabina, C., & Ho, L. Y. (2014). Campus and College Victim Responses to Sexual Assault and Dating Violence: Disclosure, Service Utilization, and Service Provision. Trauma, Violence & Abuse, 15(3), 201–226. https://doi.org/10.1177/1524838014521322

Salaheddin, K., & Mason, B. (2016). Identifying barriers to mental health help-seeking among young adults in the UK: a cross-sectional survey. British Journal of General Practice, 66(651), e686–e692. https://doi.org/10.3399/bjgp16X687313

Schaeffer, P., Leventhal, J. M., & Asnes, A. G. (2011). Children's disclosures of sexual abuse: Learning from direct inquiry. Child Abuse and Neglect, 35(5), 343–352. https://doi.org/10.1016/j.chiabu.2011.01.014

Schmidt, A. & Lehmkuhl, G. (1994). Krankheitskonzepte bei Kindern – Literaturübersicht. Fortschritte der Neurologie – Psychiatrie, 62(02), 50–65.

Schnyder, N., Panczak, R., Groth, N., & Schultze-Lutter, F. (2017). Association between mental health-related stigma and active help-seeking: systematic review and meta-analysis. The British Journal of Psychiatry, 210(4), 261–268. https://doi.org/10.1192/bjp.bp.116.189464

Schönbucher, V., Maier, T., Mohler-Kuo, M., Schnyder, U., & Landolt, M. A. (2012). Disclosure of child sexual abuse by adolescents: A qualitative in-depth study. Journal of Interpersonal Violence, 27(17), 3486–3513. https://doi.org/10.1177/0886260512445380

Schultz, T., Passmore, J. L., & Yoder, C. Y. (2003). Emotional closeness with perpetrators and amnesia for child sexual abuse. Journal of Child Sexual Abuse, 12(1), 67–88. https://doi.org/10.1300/J070v12n01_04

Schulze, B., Richter-Werling, M., Matschinger, H., & Angermeyer, M. C. (2003). Crazy? So what! Effects of a school project on students' attitudes towards people with schizophrenia. Acta Psychiatrica Scandinavica, 107(2), 142–150.

Schützwohl, M., & Maercker, A. (1999). Effects of varying diagnostic criteria for posttraumatic stress disorder are endorsing the concept of partial PTSD. Journal of Traumatic Stress, 12(1), 155–165. https://doi.org/10.1023/A:1024706702133

Seedaket, S., Turnbull, N., Phajan, T., & Wanchai, A. (2020). Improving mental health literacy in adolescents: systematic review of supporting intervention studies. Tropical Medicine & International Health, 25(9), 1055–1064.

Sheffield, J. K., Fiorenza, E., & Sofronoff, K. (2004). Adolescents' Willingness to Seek Psychological Help: Promoting and Preventing Factors. Journal of Youth and Adolescence, 33(6), 495–507. https://doi.org/10.1023/B:JOYO.0000048064.31128.c6

Shi, L., Namjoshi, M. A., Swindle, R., Yu, X., Risser, R., Baker, R. W., & Tohen, M. (2004). Effects of olanzapine alone and olanzapine/fluoxetine combination on health-related quality of life in patients with bipolar depression: secondary analyses of a double-blind, placebo-controlled, randomized clinical trial. Clinical therapeutics, 26(1), 125–134. https://doi.org/10.1016/s0149-2918(04)90013-6

Sidebotham, P., Heron, J., & ALSPAC Study Team (2006). Child maltreatment in the »children of the nineties«: a cohort study of risk factors. Child abuse & neglect, 30(5), 497–522. https://doi.org/10.1016/j.chiabu.2005.11.005

Silk, J. S., Shaw, D. S., Forbes, E. E., Lane, T. L., & Kovacs, M. (2006). Maternal depression and child internalizing: The moderating role of child emotion regulation. Journal of Clinical Child and Adolescent Psychology, 35(1), 116–126.

Simon, V. A., Feiring, C., & Cleland, C. M. (2016). Early Stigmatization, PTSD, and Perceived Negative Reactions of Others Predict Subsequent Strategies for Processing Child Sexual Abuse. Psychology of Violence, 6(1), 112–123. https://doi.org/10.1037/a0038264

Sleath, E., & Bull, R. (2010). Male rape victim and perpetrator blaming. Journal of Interpersonal Violence, 25(6), 969–988. https://doi.org/10.1177/0886260509340534

Smith, D. W., Letourneau, E. J., Saunders, B. E., Kilpatrick, D. G., Resnick, H. S., & Best, C. L. (2000). Delay in disclosure of childhood rape: Results from a national survey. Child Abuse & Neglect, 24(2), 273–287. https://doi.org/10.1016/s0145-2134(99)00130-1

Solmi, M., Radua, J., Olivola, M., Croce, E., Soardo, L., Salazar de Pablo, G., Il Shin, J., Kirkbride, J. B., Jones, P., Kim, J. H., Kim, J. Y., Carvalho, A. F., Seeman, M. V., Correll, C. U., & Fusar-Poli, P. (2021). Age at onset of mental disorders worldwide: Large-scale meta-analysis of 192 epidemiological studies. Molecular Psychiatry. https://doi.org/10.1038/s41380-021-01161-7

Somer, E., & Szwarcberg, S. (2001). Variables in delayed disclosure of childhood sexual abuse. American Journal of Orthopsychiatry, 71(3), 332–341. https://doi.org/10.1037/0002-9432.71.3.332

Sørensen, K., Van den Broucke, S., Fullam, J., Doyle, G., Pelikan, J., Slonska, Z., Brand, H., & (HLS-EU) Consortium Health Literacy Project European (2012). Health literacy and public health: a systematic review and integration of definitions and models. BMC public health, 12, 1–13. https://doi.org/10.1186/1471-2458-12-80

Sorsoli, L., Kia-Keating, M., & Grossman, F. K. (2008). »I keep that hush-hush«: Male survivors of sexual abuse and the challenges of disclosure. Journal of Counseling Psychology, 55(3), 333–345. https://doi.org/10.1037/0022-0167.55.3.333

Spijker, J. A. N., De Graaf, R., Bijl, R. V., Beekman, A. T., Ormel, J., & Nolen, W. A. (2002). Duration of major depressive episodes in the general population: results from The Netherlands Mental Health Survey and Incidence Study (NEMESIS). The British journal of psychiatry, 181(3), 208–213. https://doi.org/10.1192/bjp.181.3.208

Spiker, D. A. & Hammer, J. H. (2019). Mental health literacy as theory. Current challenges and future directions. Journal of Mental Health (Abingdon, England), 28(3), 238–242. https://doi.org/10.1080/09638237.2018.1437613

Stadler, L., Bieneck, S., & Pfeiffer, C. (2012). Repräsentativbefragung Sexueller Missbrauch 201. Hannover: KFN.

Stoltenborgh, M., Bakermans-Kranenburg, M. J., Alink, L. R. A., & van IJzendoorn, M. H. (2015). The prevalence of child maltreatment across the globe: Review of a series of meta-analyses. Child Abuse Review, 24(1), 37–50. https://doi.org/10.1002/car.2353

Stoltenborgh, M., van IJzendoorn, M. H., Euser, E. M., & Bakermans-Kranenburg, M. J. (2011). A Global Perspective on Child Sexual Abuse: Meta-Analysis of Prevalence Around the World. Child Maltreatment, 16(2), 79–101. https://doi.org/10.1177/1077559511403920

Stoner, J. E., & Cramer, R. J. (2019). Sexual Violence Victimization Among College Females: A Systematic Review of Rates, Barriers, and Facilitators of Health Service Utilization on Campus. Trauma, Violence & Abuse, 20(4), 520–533. https://doi.org/10.1177/1524838017721245

Storm, A. (2018). Kinder- und Jugendreport 2019. Beiträge zur Gesundheitsökonomie und Versorgungsforschung, 23.
Stracke, M., Dobener, L.-M., & Christiansen, H. (2024). Children of parents with a mental illness – stigma questionnaire: validation and revision. Front. Psychiatry 15:1376627. https://doi.org/10.3389/fpsyt.2024.1376627
Suarez, E., & Gadalla, T. M. (2010). Stop blaming the victim: A meta-analysis on rape myths. Journal of Interpersonal Violence, 25(11), 2010–2035. https://doi.org/10.1177/0886260509354503
Švorcová, J. (2023). Transgenerational Epigenetic Inheritance of Traumatic Experience in Mammals. Genes, 14(1), 120. https://doi.org/10.3390/genes14010120
Sylwestrzak, A., Overholt, C. E., Ristau, K. I., & Coker, K. L. (2015). Self-reported Barriers to Treatment Engagement: Adolescent Perspectives from the National Comorbidity Survey-Adolescent Supplement (NCS-A). Community Mental Health Journal, 51(7), 775–781. https://doi.org/10.1007/s10597-014-9776-x
Tamutienė, I., & Jogaitė, B. (2019). Disclosure of alcohol-related harm: Children's experiences. Nordisk alkohol- & narkotikatidskrift: NAT, 36(3), 209–222. https://doi.org/10.1177/1455072518807789
Tandon, R., Nasrallah, H. A., & Keshavan, M. S. (2009). Schizophrenia, »just the facts« 4. Clinical features and conceptualization. Schizophrenia research, 110(1–3), 1–23. https://doi.org/10.1016/j.schres.2009.03.005
Tay, J. L., Tay, Y. F., & Klainin-Yobas, P. (2018). Mental health literacy levels. Archives of psychiatric nursing, 32(5), 757–763. https://doi.org/10.1016/j.apnu.2018.04.007
Taylor, S. M., & Dear, M. J. (1981). Scaling community attitudes toward the mentally ill. Schizophrenia bulletin, 7(2), 225–240.
Tener, D., & Murphy, S. B. (2015). Adult disclosure of child sexual abuse: A literature review. Trauma, Violence, & Abuse, 16(4), 391–400. https://doi.org/10.1177/1524838014537906
Thompson, A., Hunt, C. & Issakidis, C. (2004). Why wait? Reasons for delay and prompts to seek help for mental health problems in an Australian clinical sample. Soc Psychiatry Psychiatr Epidemiol 39, 810–817. https://doi.org/10.1007/s00127-004-0816-7
Thornicroft, G., Mehta, N., Clement, S., Evans-Lacko, S., Doherty, M., Rose, D., ... & Henderson, C. (2016). Evidence for effective interventions to reduce mental-health- related stigma and discrimination. The Lancet, 387(10023), 1123–1132.
Tjaden, P., & Thoennes, N. (2006). Extent, Nature, and Consequences of Rape Victimization: Findings From the National Violence Against Women Survey. U.S. Department of Justice. https://doi.org/10.1037/e513832006-001
Tully, L. A., Hawes, D. J., Doyle, F. L., Sawyer, M. G. & Dadds, M. R. (2019). A national child mental health literacy initiative is needed to reduce childhood mental health disorders. The Australian and New Zealand Journal of Psychiatry, 53(4), 286–290. https://doi.org/10.1177/0004867418821440
Unabhängiger Beauftragter für Fragen des sexuellen Kindesmissbrauchs (2021). Zahlen und Fakten zu sexueller Gewalt gegen Kinder und Jugendliche. Zugriff am 29.10.2024 unter: https://beauftragter-missbrauch.de/service/zahlen-fakten
van der Meer, A. S., Durlach, F., Syota, K., & Christiansen, H. (2023). »I can't describe how I could get better, but I would like to« – Conception of health and illness of refugee youth in Germany. Frontiers in Psychology, 14, 1107889.
van der Sanden, R. L., Bos, A. E., Stutterheim, S. E., Pryor, J. B., & Kok, G. (2015). Stigma by association among family members of people with a mental illness: A qualitative analysis. Journal of Community & Applied Social Psychology, 25(5), 400–417.
van der Sanden, R. L. M., Stutterheim, S. E., Pryor, J. B., Kok, G., & Bos, A. E. R. (2014). Coping With Stigma by Association and Family Burden Among Family Members of People with Mental Illness. The Journal of Nervous and Mental Disease, 202(10), 710–717. https://doi.org/10.1097/NMD.0000000000000189
van Santvoort, F., Hosman, C. M., Janssens, J. M., van Doesum, K. T., Reupert, A., & van Loon, L. M. (2015). The Impact of Various Parental Mental Disorders on Children's Diagnoses: A Systematic Review. Clinical child and family psychology review, 18(4), 281–299. https://doi.org/10.1007/s10567-015-0191-9

Vézina-Gagnon, P., Bergeron, S., Frappier, J.-Y., & Daigneault, I. (2018). Genitourinary Health of Sexually Abused Girls and Boys: A Matched-Cohort Study. The Journal of Pediatrics, 194, 171–176. https://doi.org/10.1016/j.jpeds.2017.09.087

Vogel, D. L., Wade, N. G., & Hackler, A. H. (2007). Perceived public stigma and the willingness to seek counseling: The mediating roles of self-stigma and attitudes toward counseling. Journal of Counseling Psychology, 54(1), 40–50. https://doi.org/10.1037/0022-0167.54.1.40

Vyssoki, D. & Schürmann-Emanuely, A. (2008). Sexualisierte Gewalt und ihre psychischen Folgen – Psychosocial Consequences of Sexual Abuse. Psychiatria Danubina, 20(4), 546–550.

Wahl, O. F., & Harman, C. R. (1989). Family views of stigma. Schizophrenia bulletin, 15(1), 131–139. https://doi.org/10.1093/schbul/15.1.131

Wahl, O., Susin, J., Lax, A., Kaplan, L., & Zatina, D. (2012). Knowledge and Attitudes About Mental Illness: A Survey of Middle School Students. Psychiatric Services, 63(7), 649–654. https://doi.org/10.1176/appi.ps.201100358

Wahl, P., Otto, C., & Lenz, A. (2017). »...dann würde ich traurig werden, weil alle über meinen Papa reden« – Die Rolle des Stigmas in Familien mit psychisch erkranktem Elternteil. Das Gesundheitswesen, 79, 987–992.

Wahlin, T., & Deane, F. (2012). Discrepancies between parent- and adolescent-perceived problem severity and influences on help seeking from mental health services. Australian & New Zealand Journal of Psychiatry, 46(6), 553–560. https://doi.org/10.1177/0004867412441929

Wakschlag, L. S., Pickett, K. E., Cook, E., Jr., Benowitz, N. L., & Leventhal, B. L. (2002). Maternal smoking during pregnancy and severe antisocial behavior in offspring: A review. American Journal of Preventive Medicine, 92(6), 966–974.

Walker, H. E., Freud, J. S., Ellis, R. A., Fraine, S. M., & Wilson, L. C. (2019). The Prevalence of Sexual Revictimization: A Meta-Analytic Review. Trauma, Violence, & Abuse, 20(1), 67–80. https://doi.org/10.1177/1524838017692364

Walker, J. S., Coleman, D., Lee, J., Squire, P. N., & Friesen, B. J. (2008). Children's stigmatization of childhood depression and ADHD: Magnitude and demographic variation in a national sample. Journal of the American Academy of Child and Adolescent Psychiatry, 47(8), 912–920. https://doi.org/10.1097/CHI.0b013e318179961a

Wang, P. S., Berglund, P. A., Olfson, M., & Kessler, R. C. (2004). Delays in initial treatment contact after first onset of a mental disorder. Health Services Research, 39(2), 393–416.

Warner, L. (2022, November 28). Resilienz. In M. A. Wirtz (Hrsg.): Dorsch Lexikon der Psychologie. Bern: Hogrefe. Zugriff am 04.12.2024 unter: https://dorsch.hogrefe.com/stichwort/resilienz

Wei, Y., & Kutcher, S. (2014). Innovations in practice: ›Go-to'educator training on the mental health competencies of educators in the secondary school setting: A program evaluation. Child and Adolescent Mental Health, 19(3), 219–222.

Wei, Y., McGrath, P., Hayden, J., & Kutcher, S. (2018). The quality of mental health literacy measurement tools evaluating the stigma of mental illness: a systematic review. Epidemiology and psychiatric sciences, 27(5), 433–462. https://doi.org/10.1017/S2045796017000178

Weiner, B. (1995). Judgments of responsibility: A foundation for a theory of social conduct. New York: Guilford Press.

Weiner, B., Perry, R. P., & Magnusson, J. (1988). An attributional analysis of reactions to stigmas. Journal of Personality and Social Psychology, 55(5), 738–748. https://doi.org/10.1037/0022-3514.55.5.738

Weissman, M. M., Pilowsky, D. J., Wickramaratne, P. J., Talati, A., Wisniewski, S. R., Fava, M., Hughes, C. W., Garber, J., Malloy, E., King, C. A., Cerda, G., Sood, A. B., Alpert, J. E., Trivedi, M. H., Rush, A. J., & STAR*D-Child Team. (2006). »Remissions in Maternal Depression and Child Psychopathology: A STAR*D-Child Report«: Erratum. JAMA: Journal of the American Medical Association, 296(10), 1234. https://doi.org/10.1001/jama.296.10.1233-b

Weisz, J. R., Kuppens, S., Ng, M. Y., Eckshtain, D., Ugueto, A. M., Vaughn-Coaxum, R., Jensen-Doss, A., Hawley, K. M., Krumholz Marchette, L. S., Chu, B. C., Weersing, V. R., & Fordwood, S. R. (2017). What five decades of research tells us about the effects of youth psychological therapy: A multilevel meta-analysis and implications for science and practice. The American Psychologist, 72(2), 79–117. https://doi.org/10.1037/a0040360

Werner, E. E. & Smith, R. S. (2001). Journeys from Childhood to Midlife: Risk, Resilience, and Recovery. New York: Cornell University Press.

Wharf Higgins, J., Begoray, D., & MacDonald, M. (2009). A social ecological conceptual framework for understanding adolescent health literacy in the health education classroom. American journal of community psychology, 44, 350–362.

Whitaker, R. C., Orzol, S. M., & Kahn, R. S. (2006). Maternal mental health, substance use, and domestic violence in the year after delivery and subsequent behavior problems in children at age 3 years. Archives of general psychiatry, 63(5), 551–560.

Wickramaratne, P. J., & Weissman, M. M. (1998). Onset of psychopathology in offspring by developmental phase and parental depression. Journal of the American Academy of Child & Adolescent Psychiatry, 37(9), 933–942.

Widemalm, M., & Hjärthag, F. (2015). The forum as a friend: parental mental illness and communication on open Internet forums. Social psychiatry and psychiatric epidemiology, 50(10), 1601–1607. https://doi.org/10.1007/s00127-015-1036-z

Wiegand-Grefe, S., Halverscheid, S., Plass, A. (2011). Kinder und ihre psychisch kranken Eltern. Familienorientierte Prävention – Der CHIMPs-Beratungsansatz. Göttingen: Hogrefe.

Wilde, A., Chan, H. N., Rahman, B., Meiser, B., Mitchell, P. B., Schofield, P. R., & Green, M. J. (2014). A meta-analysis of the risk of major affective disorder in relatives of individuals affected by major depressive disorder or bipolar disorder. Journal of affective disorders, 158, 37–47. https://doi.org/10.1016/j.jad.2014.01.014

Wille, N., Bettge, S. & Ravens-Sieberer, U. (2008). Risk and protective factors for children's and adolescents' mental health: results of the BELLA study. European Child & Adolescent Psychiatry, 17 Suppl 1, 133–147.

Wilson, C. J. (2010). General psychological distress symptoms and help-avoidance in young Australians. Advances in Mental Health, 9(1), 63–72. https://doi.org/10.5172/jamh.9.1.63

Wilson, J. P., Drozdek, B. & Turkovic, S. (2006). Posttraumatic Shame and Guilt. Trauma, Violence & Abuse, 7(2), 122–141. https://doi.org/10.1177/1524838005285914

Wilson, C. J., Rickwood, D., Ciarrochi, J. V., & Deane, F. P. (2002). Adolescent barriers to seeking professional psycholological help for personal-emotional and suicidal problems. 6. Zugriff am 29.10.2024 unter: https://ro.uow.edu.au/hbspapers/518

Wissenschaftliche Dienste des Deutschen Bundestages, Vergewaltigung in der Ehe, Ausarbeitung vom 28. Januar 2008, WD 7-307/07, Zugriff am 04.12.2024 unter: https://www.bundestag.de/resource/blob/407124/6893b73fe226537fa85e9ccce444dc95/wd-7-307-07-pdf-data.pdf

Witt, A., Brown, R. C., Plener, P. L., Brähler, E., & Fegert, J. M. (2017). Child maltreatment in Germany: Prevalence rates in the general population. Child and Adolescent Psychiatry and Mental Health, 11, 47. https://doi.org/10.1186/s13034-017-0185-0

Wood, L., Byrne, R., Burke, E., Enache, G., & Morrison, A. P. (2017). The impact of stigma on emotional distress and recovery from psychosis: The mediatory role of internalised shame and self-esteem. Psychiatry Research, 255, 94–100. https://doi.org/10.1016/j.psychres.2017.05.016

World Health Organization. (2021, November 30). Health literacy. World Health Organization. Zugriff am 04.12.2024 unter: https://www.who.int/news-room/fact-sheets/detail/health-literacy

Wright, E. R., Gronfein, W. P., & Owens, T. J. (2000). Deinstitutionalization, social rejection, and the self-esteem of former mental patients. Journal of health and social behavior, 68–90.

Wyder, M., & Bland, R. (2014). The recovery framework as a way of understanding families' responses to mental illness: Balancing different needs and recovery journeys. Australian Social Work, 67(2), 179–196. https://doi.org/10.1080/0312407X.2013.875580

Xu, Z., Huang, F., Koesters, M., Staiger, T., Becker, T., Thornicroft, G., & Ruesch, N. (2018). Effectiveness of interventions to promote help-seeking for mental health problems: systematic review and meta-analysis. Psychological medicine, 48(16), 2658–2667. https://doi.org/10.1017/S0033291718001265

Xu, Z., Mayer, B., Müller, M., Heekeren, K., Theodoridou, A., Dvorsky, D., Metzler, S., Oexle, N., Walitza, S., Rössler, W., & Rüsch, N. (2016). Stigma and suicidal ideation among young people at risk of psychosis after one year. Psychiatry Research, 243, 219–224. https://doi.org/10.1016/j.psychres.2016.06.041

Yamaguchi, S., Mino, Y., & Uddin, S. (2011). Strategies and future attempts to reduce stigmatization and increase awareness of mental health problems among young people: A narrative review of educational interventions. Psychiatry and Clinical Neurosciences, 65(5), 405–415. https://doi.org/10.1111/j.1440-1819.2011.02239.x

Yanos, P. T., Lucksted, A., Drapalski, A. L., Roe, D., & Lysaker, P. (2015). Interventions targeting mental health self-stigma: A review and comparison. Psychiatric Rehabilitation Journal, 38(2), 171–178. https://doi.org/10.1037/prj0000100

Yanos, P. T., Roe, D., & Lysaker, P. H. (2011). Narrative Enhancement and Cognitive Therapy: A New Group-Based Treatment for Internalized Stigma among Persons with Severe Mental Illness. International Journal of Group Psychotherapy, 61(4), 576–595. https://doi.org/10.1521/ijgp.2011.61.4.576

Yap, M. B. H., Wright, A., & Jorm, A. F. (2011). The influence of stigma on young people's help-seeking intentions and beliefs about the helpfulness of various sources of help. Social Psychiatry and Psychiatric Epidemiology, 46(12), 1257–1265. https://doi.org/10.1007/s00127-010-0300-5

Yoshimura, Y., Bakolis, I., & Henderson, C. (2018). Psychiatric diagnosis and other predictors of experienced and anticipated workplace discrimination and concealment of mental illness among mental health service users in England. Social Psychiatry and Psychiatric Epidemiology, 53(10), 1099–1109. https://doi.org/10.1007/s00127-018-1561-7

Zarcadoolas, C., Pleasant, A., & Greer, D. S. (2005). Understanding health literacy: an expanded model. Health promotion international, 20(2), 195–203.

Zwaanswijk, M., Verhaak, P. F. M., Bensing, J. M., van der Ende, J., & Verhulst, F. C. (2003). Help seeking for emotional and behavioural problems in children and adolescents: A review of recent literature. European Child & Adolescent Psychiatry, 12(4), 153–161. https://doi.org/10.1007/s00787-003-0322-6

Stichwortverzeichnis

B

Barrieren 19
Behandlungsraten 12

E

Eltern 12, 23, 27

F

Family stigma 74

H

Hilfesuchverhalten 15
– Modell der Theorie von hilfesuchendem Verhalten 18
– Modell gesundheitlicher Überzeugungen 17
– Selbstbestimmungstheorie 16
– Theorie des geplanten Verhaltens 17
– Transtheoretisches Modell 16

I

Internalisiertes Stigma 65
– integratives kognitives Modell 67
– Interventionen 68
– progressives Stufenmodell 67
Interventionen
– internalisiertes Stigma 65
– Psychische Gesundheit 46

K

Kinder psychisch kranker Eltern 77
– antizipierte Stigmatisierung 78
– erlebte Stigmatisierung 78
– internalisiertes Stigma 79
– strukturelle Diskriminierung 80

– wahrgenommenes öffentliches Stigma 77

P

Prävalenz 11, 12, 83
Psychische Gesundheitskompetenz 21, 40, 46
– Gesundheitskompetenz 35
– Psychotherapie 51
– Wirksamkeit 53

S

Sexualisierte Gewalt 82
– Barrieren 87
– Definition 82
– Folgen 84
– gesellschaftliche Barrieren 88
– interpersonelle Barrieren 92
– intrapersonelle Barrieren 94
– Offenbarung 86
– Prävalenz 83
Stigma 56
– Affiliate Stigma 73
– antizipierte Stigmatisierung 60
– erlebtes Stigma 61
– Family Stigma 73
– internalisiertes Stigma 62
– Konzeptualisierung 56
– öffentliche Stigmatisierung 59
– Rahmenmodell 59
– Selbststigma 62
– sexualisierte Gewalt 88
– Stigma by Association 73
– wahrgenommenes öffentliches Stigma 60
Stigma by Association 73
Suizid 12

T

Transgenerationale Transmission 25
- elterliche Psychopathologie 28
- Erziehungskompetenz 29
- familiäre Faktoren 30
- kindliche Vulnerabilität 31
- Schwangerschaft 29
- Transmissionsforschung 33
- Umweltebene 32

U

Unterstützungsfaktoren 20

V

Vergewaltigungsmythen 89